Island ist spektakulär und trotz des Booms der letzten Jahre bietet das Landesinnere noch immer die Möglichkeit, eine fast leere, fantastische Natur zu erfahren. Eine Landschaft, die erst in jüngster erdgeschichtlicher Zeit durch Vulkanismus entstanden ist und durch Gletscher und Erosion geformt wurde. Der Ausbruch des Eyjafjallajökull zeigt anschaulich, dass dieser Prozess nicht abgeschlossen, sondern noch in vollem Gang ist. Die Dynamik des Vulkanismus auf Island ist besonders groß und bietet dadurch die Möglichkeit, Erdgeschichte aus erster Hand zu erfahren.

Üblicherweise wählen Touristen, wenn sie eine längere Wanderung im Landesinneren planen, den Laugavegur. Dort kann man sich nicht verlaufen, so ausgetreten ist mittlerweile der Weg. Es gibt Hütten und Zeltplätze und man trifft häufig andere Wanderer, die bei Problemen helfen können. Da die Landschaft um den Laugavegur zwar einerseits fantastisch schön ist, Heike und mir aber andererseits der Weg zu kurz und überlaufen erschien, suchten wir nach einer längeren Route abseits der anderen Wanderer. Die Wanderung sollte anspruchsvoller sein und uns durch ruhigere Landschaft führen. Unser Plan war es, nicht nur auf dem Hauptweg, sondern auch auf Nebenrouten zu gehen. Wir hatten eine anspruchsvolle Wanderung geplant, nicht aber das Abenteuer, zu dem sich unser Ausflug letztlich entwickelte.

Gelegentlich eine Furt durchqueren ist das Salz bei einer Islandwanderung, aber ständig durch mehr als knietiefes, eiskaltes Wasser zu gehen, das hatten wir nicht geplant. Obwohl die Strecke auf Wanderwegen anhand aktueller Wanderkarte geplant war und wir gemäß Karte gegangen sind, verlief alles ganz anders als erwartet, es wurde das große Abenteuer. Aus diesem Grund ist auch dieses Büchlein entstanden, wir wollen von unserem Abenteuer berichten und es war ein richtiges Abenteuer.

Heike Sacher
Thomas Laue

Durch Island abseits und auf dem Laugavegur

Bericht über eine abenteuerliche
Wanderung

Bibliografische Information der Deutschen Nationalbibliothek. Die Deutsche Nationalbibliothek verzeichnet diese Publikation in der Deutschen Nationalbibliografie; detaillierte bibliografische Daten sind im Internet über http://dnb.dnb.de abrufbar.

Herstellung und Verlag BoD – Books on Demand, Norderstedt

ISBN: 978-3752854787

Inhaltsverzeichnis

Blick auf die Landschaft bei Landmannalaugar

Tag 1: Island, ein erster Eindruck

Wir verlassen Frankfurt auf dem Weg nach Keflavik bei herr-
lichem Sommerwetter. Keflavik, ein ehemaliger amerikani-
scher Luftwaffenstützpunkt, ist der internationale Flughafen
von Reykjavik, aber ca. 50 Kilometer von der City entfernt.
Schönes Wetter beim Transfer mit dem Bus in die Stadt
kommt mir total fremd vor. Bisher hat mich Island an dieser Stelle immer mit Regen begrüßt, heute hingegen schaut
sogar gelegentlich die Sonne durch die Wolken.

Selbst der Busfahrer findet das Wetter auffällig: „Das Wetter
ist heute mit 15 °C und Sonnenschein eine Ausnahme. Aber
heute Abend wird sich das Wetter wieder normalisieren. Es
wird mit einer Wahrscheinlichkeit von 99 % noch Regen geben." Er scheint sich sehr sicher zu sein.

Der gebuchte Bustransfer bringt uns nicht nur in die City, sondern direkt bis zum Hotel. Folglich müssen wir heute den Rucksack nicht einmal eine längere Strecke tragen.
Fängt also gut an, bis wir das Zimmer sehen, denn das ist
schockierend klein. Drei Betten, aber alles so klein, noch
enger geht nicht. Mit Koffern hätte man hier große Schwierigkeiten. Das dritte Bett wird von Heike mit ihren Sachen
aus dem Rucksack übersät. Als alles ausgepackt ist, will sie
plötzlich ganz schnell los eine Gaskartusche für ihren Kocher
kaufen, denn ohne Gas könnten wir die Wanderung nicht
wie geplant durchziehen. Also machen wir uns auf den Weg
und werden schon gegenüber des Hotels in einer Tankstelle
fündig. Zu Fuß geht es weiter in die Innenstadt von Reykjavik auf der Suche nach einem netten Restaurant. Die Entfernung zur City, man geht nur ca. 30 min, ist der einzige
positive Aspekt, den ich bisher bei dem Hotel finden kann.

Ein Happy-Hour-Schild lockt uns in ein kleines, wirklich
charmantes Restaurant. Bier und Rotwein zu Happy-Hour-
Preisen heißt auf Island, die Getränke sind nur etwa doppelt
so teuer wie in Deutschland. Trotz des Preisschocks können

wir bei Lamm und Lachs den Blick auf das Straßenleben von Reykjavik genießen. Nach dem Essen tauchen auch wir in dieses Straßenleben ein, suchen nach der City-Hall, unserem Startpunkt für die morgige Fahrt ins Landesinnere. Auf der Hauptstraße sind überwiegend Touristen unterwegs, die in den vielen Andenkenläden nach einem Souvenir suchen. Draußen kann man als Mitteleuropäer bei diesen Temperaturen nicht sitzen. Es gibt auch nicht die Cafés, in denen in anderen großen Städten die Massen im Sommer draußen sitzen und ein Eis essen, gemütlich ein Bier oder ein Glas Wein trinken. Bei diesen Temperaturen mögen nur Isländer im Freien sitzen und von denen gibt es auf der Haupteinkaufsstraße nicht viele.

Jetzt begrüßt uns auch noch mit leichtem Regen das typische Islandwetter, dabei sind wir schon 5 Stunden auf der Insel, also nur eine verspätete Begrüßung. Wir haben natürlich Regenjacken dabei, aber nur Jacken, keine Hosen, so dass wir doch etwas nass werden. Es ist ein Zustand, den wir bei dieser Reise noch häufiger erfahren werden.

Bei unserer Suche nach der Busabfahrt finden wir zunächst, zu der gerade laufenden Fußball WM, das Public-Viewing von Reykjavik, es ist ein Platz für ca. 500 Zuschauer. Es läuft auch ein Spiel, aber es regnet, es ist kalt und Island ist schon länger ausgeschieden. Jegliches Fußballfieber muss bei dem Wetter erstarren. So befinden sich keine 20 Zuschauer auf dem Platz.

Im Regen zu stehen macht keinen Spaß, was kann man da noch machen? In ein Geschäft gehen? Eine Einkaufspassage, wie bei uns in jeder größeren Stadt, gibt es in der Innenstadt nicht, größere Einkaufszentren liegen etwas außerhalb in den Vorstädten. Auf Andenkenläden und Souvenirs haben wir keine Lust, so gehen wir in einen Lebensmittelladen, der auch am späten Abend noch offen hat. Die wichtigen Lebensmittel für die Wanderung haben wir schon in Deutschland gekauft. Schokolade ist sündhaft teuer, so kaufen wir Stockfisch, ist auch sündhaft teuer, aber so etwas haben wir in Deutschland nicht. Getrockneter Fisch, also fast ausschließlich Eiweiß, von dem wir ein paar hundert Gramm kaufen, um eine gute Eiweißquelle für die Wanderung zu haben. Außerdem kann man ganz lange auf dem Fisch herumkauen, also ein guter Snack, da man eine Weile beschäftigt ist.

Zurück im Hotel bereiten wir unsere Rucksäcke für die morgige Wanderung vor. Die Crocs fürs Furten müssen jetzt draußen am Rucksack hängen, die werden wir oft brauchen und müssen daher schnell erreichbar sein.

„Warum wirfst du dein Hemd in den Müll?" fragt mich Heike.

„So mache ich es oft im Urlaub. Für den Hinflug nehme ich ein Hemd, das ich bei der Arbeit nicht mehr anziehen kann. Und für die Freizeit gibt es schöneres als graue Businesshemden. Das Unterhemd habe ich noch nie gemocht, die Strümpfe sind alt und die Unterhose weist schon Löcher auf. Habe ich extra aus den Putzlappen wieder herausgesucht. So habe ich jetzt quasi eine vollständige Garnitur entsorgt. Nur die gute Wanderhose natürlich nicht. So entsteht im Rucksack nach der Ankunft gleich etwas Platz."

„Das habe ich noch nie gehört! Hast du mir auch noch nicht erzählt."

„Mache ich aber schon seit Jahren, man muss aber auch gerade die entsprechende Kleidung haben."

„Ist eine gute Idee, muss ich mir für den nächsten Trip merken!"

Tag 2: Auf geht es ins Hochland

Morgens vor dem Frühstück gehen wir noch unter die Dusche, es wird die letzte Gelegenheit für sechs Tage sein. Doch bei dieser Dusche ist es kein richtiger Genuss, denn es ist unglaublich eng, so dass man sich schon Beulen beim Abseifen holt. Das Duschen wird auch dadurch gefährlich, dass der Duschkopf fest montiert ist. Man steht unter der Dusche und hofft es wird nicht zu heiß oder kalt, weg kommt man aus der Enge jedenfalls nicht so schnell. Nachdem Heike geduscht hat, ist ihr Kommentar: „Katrin könnte die Duschtür nicht einmal schließen, geschweige denn sich abseifen. Ich hatte ja schon Probleme an meine Füße zu kommen, in dem winzigen Ding."

Das Frühstück passt sich genau dem Niveau an, wie wir es bisher von diesem Hotel kennen, in jeder deutschen Pension ist das Frühstück besser. Wir sind froh den Rucksack fertig packen zu können und in Richtung City-Hall loszugehen. Glücklicherweise können wir einen kleinen Rucksack mit etwas Kleidung für den zweiten Teil unseres Urlaubs im Hotel lassen. Wir werden noch zweimal in dieses traurige Hotel zurückkehren müssen, denn wir haben die Übernachtungen schon bezahlt. Auf dem Weg in die Stadt ist der große, schwere Rucksack deutlich zu spüren. Wie soll das die nächsten Tage werden, wenn wir ihn den ganzen Tag schleppen müssen? Wir haben das Gewicht schon gnadenlos optimiert, aber mit nur einem Liter Wasser sind es bei mir 19 kg, die merkt man schon ganz ordentlich auf dem Rücken.

Der Bus fährt erst um 12:30 und wir brauchen keine Besorgungen mehr machen, so bleibt Zeit für eine Sightseeing-Tour, die das Rucksackgewicht sehr kurz ausfallen lässt. Also gehen wir frühzeitig zur City Hall, wo der Bus abfährt und man gut die Zeit überbrücken kann.

In der City Hall gibt es viele Informationen über Island, eine Touristeninformation und einen Schalter, an dem man diverse Aktivitäten zu schockierenden Preisen buchen kann. Es gibt Toiletten, was nicht uninteressant vor einer langen Busfahrt ist und es gibt im Untergeschoss ein riesiges 3D-Modell von Island. So können wir die geplante Route schon einmal abgehen, mit dem Finger auf der 3D-Landkarte. Hier sieht man direkt die Höhenunterschiede (etwas überzeichnet), wie steil ist es, wie einfach oder schwer wirkt es, sich in der Landschaft zu bewegen. „Ich werde müde vom Nichtstun", sagt Heike, „Meinst du ich bekomme hier in der Nähe einen Cappuccino? Wir haben doch noch viel Zeit."

„Auf dem Weg zu dem Geschäft, in dem wir gestern Abend den Trockenfisch gekauft haben, war eine Cafe-Bar. Versuche es doch dort einmal", empfehle ich Heike.

Heike ist rechtzeitig mit ihrem Cappuccino zurück, bevor sich das Islandwetter meldet. Es fängt an zu regnen, aber wir sind im Trocknen und können nach draußen sehen, können sehen, wie Touristengruppen durch den Regen der City Hall zustreben, um Schlangen vor den Toiletten zu bilden.

Der Bus ist pünktlich, wir haben schon via Internet gebucht. Ein junger Mann kontrolliert auf seinem Tablet die Namen, er ist nur Begleitperson, einen Fahrer gibt es auch noch. Das ausgedruckte Ticket ist unwichtig, er hat eine Liste der Personen, die er mitnehmen soll, das reicht. Ich spreche den jungen Mann an, ob es möglich ist, in Landmannhellir auszusteigen, was kein Problem zu sein scheint. Um solche Angelegenheiten zu klären reicht mein Englisch aus, hoffe ich.

Der Bus, ein großer geländetauglicher Reisebus ist mit acht Personen nur sehr schwach besetzt. Ist es doch nicht so schlimm mit der Touristenflut in Island? Als ich vor acht Jahren die Strecke gefahren bin, waren es sogar zwei recht volle Reisebusse. Jetzt gibt es aber verschiedene Abfahrtszeiten und Anbieter. An den nächsten Haltestellen auf dem Weg ins Hochland steigen noch einige Fahrgäste hinzu, letztlich ist der Bus doch gut gefüllt.

Überraschend oft sehen wir Leute die versuchen zu trampen, dabei handelt es sich üblicherweise um Pärchen, die mit großen Rucksäcken unterwegs sind. In ihrer Reisekasse war wohl das Geld für eine Busfahrt nicht mehr enthalten. Island scheint in jeder Hinsicht extrem teuer. Wir fahren auch an einzelnen Trampern vorbei, die entlang der Straße ins Hochland gehen und ihr Glück versuchen. Hier fahren nur wenige Autos und die Entfernungen sind groß für ein so kleines Land. Wenn man keine Mitfahrgelegenheit findet, muss man einige Tage gehen.

Im Nieselregen erreichen wir Landmannahellir, außer uns steigt niemand aus. Da wir die Ersten waren, die eingestiegen sind, liegen unsere Rucksäcke ganz unten. Dummerweise sind wir auch die Ersten, die austeigen, folglich müssen wir unser Gepäck unter einem Berg anderer Gepäckstücke herausgraben.

Wir blicken dem Geländebus hinterher und Heike sagt: „Da fährt er hin, unser T-Rex." Der Spitzname, den sie aus Firmenname und Fahrzeugart für das Gefährt gefunden hat.

T-Rex lässt uns an einem kleinen Campingplatz im Nieselregen in einer kargen aber beeindruckenden Landschaft stehen. Bei Sonnenschein wären die Farben viel intensiver, doch die niedrigen Wolken scheinen an den Bergen zu hängen, wirken etwas erdrückend. Auffällig sind die vielen Schneefelder, die hätte ich eigentlich nur auf den Gipfeln erwartet, doch die Gipfel können wir nicht sehen, da sie in den Wolken hängen.

„Beim Teutates, dass uns mal nicht der Himmel auf den Kopf fällt!" zitiert Heike aus den Asterixheften beim Anblick der Wolken.

„Wollen wir unser Regenzeug anziehen oder gehen wir gleich los?" fragt Heike.

„Es ist nicht schlimm, die Regenjacken müssten reichen", antworte ich.

Hier beginnt nun unsere große Wanderung im Nieselregen. Rucksäcke auf den Rücken und los. Es ist schon 16:30, aber für heute haben wir auch nur ca. zehn km geplant und es wird nachts nicht dunkel, wir könnten also auch die Nacht durchgehen. Zum Warmwerden geht es die ersten 5 Kilometer durch eine Ebene, dann kommt ein ordentlicher Anstieg, den man in der Ferne schon erahnen kann. Das wird richtig anstrengend mit dem Gepäck, aber danach geht es ins Tal, wo wir uns am Rande eines Baches ein Nachtlager suchen werden.

Der anfangs nur leichte Nieselregen wird immer intensiver und wir müssen neben den Regenjacken auch noch die Regenhosen anziehen. Da wir den Anfang des Wanderweges, so wie er in der Wanderkarte eingetragen ist, nicht finden können, folgen wir zunächst der Piste, die auch der T-Rex genommen hat und gelangen nach einem Kilometer zu der ersten Furt. Kein Problem, wir brauchen nur die Hosen bis über die Knie hochkrempeln und Crocs anziehen und schon geht es durch das eiskalte Wasser. Auf der anderen Seite folgt die immer gleiche Prozedur: Füße abtrocknen und Strümpfe und Schuhe wieder anziehen. Bei Sonnenschein würde das mehr Spaß machen, so im leichten Regen geht das mit dem Abtrocknen einfach nicht gut und entsprechend schlecht geht es die Wanderstrümpfe über die nassen Füße zu ziehen. Jetzt am Anfang der Wanderung haben wir auch noch nicht die richtige Technik, später werfen wir den Rucksack einfach an eine Stelle, wo er nicht zu schmutzig wird auf die Erde und setzen uns darauf.

Wenige Meter hinter der Furt ist ein Wanderweg durch Pflöcke gekennzeichnet. Er ist leicht ausgetreten und wir beschließen ihm zu folgen, auch wenn er nicht genau unsere Richtung einschlägt. Nach einer Viertelstunde hat der Weg noch immer nicht unsere Richtung eingeschlagen und wir beschließen querfeldein zu der Piste zurückzukehren, die wir vor kurzem erst verlassen haben. Da es hier keine störende Vegetation gibt, können wir über mehrere Kilometer sehen, wo wir hingehen müssen. Also über Stock und Stein zur Piste und ihr dann weiter folgen. Ein paar Autos begegnen uns, was lästig ist, aber dafür kommen wir auf der Piste gut voran und der Nieselregen hört auf. Wir ziehen die Regenkleidung aus, sie ist nicht mehr erforderlich. Ohne Regensachen ist es viel angenehmer, weil der Körper besser atmen kann und man beim Wandern nicht so schwitzt.

„Schau da hinten die Pferde, das sind bestimmt 20 Stück", weist mich Heike auf Reiter hin, die auf weiter Fläche Richtung Landmannahellir reiten.

„Es sind 20 Pferde, aber nur acht Reiter, die anderen Pferde laufen einfach so mit", antworte ich.

„Für einen Reiter muss das doch toll sein, in dieser Landschaft Teil einer kleinen Herde Islandponys zu sein", stellt Heike fest, die deutlich mehr mit Pferden anfangen kann als ich.

Ich bin mehr für die sachlichen Bemerkungen zuständig: „Da hinten wird der Wanderweg sein, den wir nicht gefunden haben. Ist aber auch egal, gleich geht es auf die Berge, da finden wir den Weg bestimmt".

Nach 5 Kilometern verlassen wir endlich die Piste und steigen in einen Canyon ab, also geht es erst hinunter, damit es sich noch mehr lohnt, wenn es gleich auf die Berge geht. Der Weg ist hier mit Holzpflöcken gut gekennzeichnet und auch ausgetreten.

Gerade bei den ganz steilen Passagen leisten die Wanderstöcke ganze Arbeit. Beim Hinabgehen fühlt man sich sicherer, hat nicht eine so große Angst auszurutschen und man schont die alten Knie. Beim Hinaufgehen kann man mit Einsatz von Armkraft die Beine ordentlich unterstützen. Damit man sich auf die Wanderstöcke verlassen kann, müssen sie hochwertig sein und sich nicht bei starker Belastung zusammenschieben, das kann sonst zu einer üblen Schwalbe führen. Auch das Gewicht der Stöcke ist wichtig, sie sollten nicht zu leicht sein, denn beim Furten mit Strömung oder bei Sturm haben sehr leichte Stöcke auch Nachteile, sie werden vom Wasser oder vom Wind zu stark weggedrückt. Ich habe sehr gute

Erfahrungen mit Stöcken von Lecki gemacht, die schieben sich nur zusammen, wenn ich das will.

Unten im Canyon fließt ein Gebirgsbach, den ich dank guter Bergstiefel, ohne nasse Füße zu bekommen, quere. Heike ist es zu riskant, also zieht sie Bergstiefel und Strümpfe aus, Crocs an und ab durchs Wasser. Ich setzte den Rucksack ab und ruhe mich etwas aus. Gemeinsam gehen wir, einen Trampelpfad folgend, steil aus dem Canyon heraus und dann leicht ansteigend den Berg hinauf. Langsam gewinnen wir an Höhe. Der Weg wird immer steiler, wir müssen ausruhen, was wir bei der Aussicht, die sich uns beim Zurückblicken bietet, nicht oft genug machen können. Nach einer Dreiviertelstunde Aufstieg erreichen wir den Grat. Die Landschaft ist fantastisch, doch der Wind ist hier unangenehm und so durchgeschwitzt wie wir sind, gönnen wir uns nur wenige Minuten die Aussicht zu genießen und zu verschnaufen. Es geht für wenige 100 Meter weiter auf dem Grat, bis sich der Weg dem Tal zuwendet. Der Weg ist gut erkennbar, wie er schräg den Hang hinabführt, einen Bach quert und auf der anderen Seite wieder an Höhe gewinnt. Dort erwarten uns große Schneefelder, doch jetzt wollen wir nur noch bis zum Bach absteigen und einen schönen Platz für unser Zelt suchen. Die Auswahl an ebenen Plätzen ist nicht gerade überzeugend, doch wir finden einen schönen Platz nur wenige Meter vom Bach entfernt, also Übernachtung mit fließend kaltem Wasser.

Es ist das erste Mal, dass wir das Zelt richtig aufstellen. Daheim hatten wir es nur einmal im Wohnzimmer versucht, es ist dennoch kein Problem, nur die Anzahl der Heringe scheint uns etwas gering. Heike fängt sofort an das Zelt einzurichten, während ich noch die Schnüre optimiere. Es ist ein Dreimann-Zelt, bietet dadurch etwas mehr Platz und auch Höhe, dafür muss ich aber mehr Gewicht tragen. Aus dem Bach hole ich Wasser und Heike erhitzt es für unsere Fertignahrung. Einfach die angegebene Wassermenge in die aufgeschnittene Alutüte gießen, für fünf bis zehn Minuten ziehen lassen und fertig ist die Mahlzeit.

Es ist ein fantastischer Platz zum Übernachten, die Landschaft ist einfach beeindruckend. Viele Schneefelder, die noch nicht alt und verdreckt aussehen. Da wir Anfang Juli haben, müssen die Schneefelder schon ein paar Monate schmelzen. Bei uns wäre der Schnee durch die Luftverschmutzung viel dreckiger, aber hier gibt es quasi keine Industrie und das Land ist dünn besiedelt, also ist die Luft sauber. Die Spitzen der Berge sind nicht schneebedeckt, nur Moos wächst darauf. Unser Zeltplatz ist mit Moos bedeckt, was ich sehr gut finde, denn es ist weich, aber durch die Mooskissen etwas uneben. Das Zelt passt sich mit seiner Tunnelform der hügeligen Landschaft an, auch das Grün des Stoffs fügt sich in das Bild der verschiedenen Grün- und Brauntöne der Berge harmonisch ein. Die ganze Atmosphäre hat etwas meditatives, in dieser Landschaft kann man total entspannen, ein Gefühl der Freiheit, der Unbeschwertheit macht sich breit.

Der nahe Bach bietet uns frisches Wasser, von dem Heike meint es schmeckt besser, als in Deutschland das gekaufte Mineralwasser. Wasser aus den isländischen Bächen kann man problemlos trinken, es schmeckt gut und es gibt keine Probleme hinsichtlich der Qualität. So hat der ständige Regen auch seine positiven Seiten, denn man braucht nicht viel Wasser beim Wandern mitnehmen. Fast auf jedem Kilometer findet man einen geeigneten Bach mit frischem sauberem Wasser.

Die Nacht ist ruhig und es regnet nicht. Wie so oft muss ich nachts einmal raus. Es ist frisch, was bei der Nachbarschaft eines Schneefeldes nicht überrascht. Dafür ist es aber unwahrscheinlich ruhig und friedlich. Kein Auto ist zu hören, wie lange man auch lauscht. Nichts erinnert an Zivilisation, den Lärm der Städte. Ich genieße etwas die Ruhe und Aussicht, bis ich anfange zu frösteln und mich lieber in meinen Daunenschlafsack zurückziehe.

Tag 3: Landmannalaugar oder das Tal der 1000 Furten

Es ist der erste Morgen im Zelt und das erste Frühstück. Wir genießen die Mahlzeit in der Ruhe der isländischen Berge. Es gibt Müsli mit Milchpulver, das wir zuhause in 150 g Portionen in Zipp-Beutel abgewogen haben. Jetzt kommt noch heißes Wasser dazu und wir essen es dann direkt aus dem Beutel. Teller haben wir nicht dabei, auch kein Besteck, sondern nur eine ganz leichte Löffel-Gabel-Kombination. In manchen Bereichen haben wir sehr konsequent Gewichtsreduzierung betrieben (nicht eine Flasche Rotwein findet sich in unserem Gepäck).

Draußen ist es zwar kühl, was nicht überrascht, wenn man direkt neben einem großen Schneefeld übernachtet, aber das Wetter ist ganz angenehm und wir können das Zelt trocken zusammenlegen. Wir packen die Rucksäcke und auf geht es nach Landmannalaugar. Da wir abends in ein Tal abgestiegen sind, geht es jetzt wieder auf die Berge. Der Weg ist gut ausgetreten, gelegentlich überqueren wir kleine Schneefelder. Nach einer guten Stunde ändert sich die Landschaft, die Berge sind nicht mehr mit Gras und Moos überzogen, sondern wir blicken auf die farbigen Berge und das schwarze Lavafeld von Landmannalaugar, was aus der Ferne aussieht, als wäre die Lava erst vor kurzer Zeit erstarrt. Hinab geht es über einen ockerbraunen Bergrücken in eine Ebene.

„Siehst du da unten den Punkt?" Heike weist auf einen winzigen, sich bewegenden Fleck.

„Ich hätte nicht gedacht, dass der Fluss noch so weit entfernt ist. Man hat wenige Anhaltspunkte um Entfernungen abzuschätzen. Da siehst du wie gigantisch groß das hier ist", antworte ich.

„Das ist der erste Wanderer den wir sehen", stellt Heike fest. Eine Viertelstunde dauert es, bis aus dem kleinen Punkt ein Mann geworden ist. Er ist ca. 50 Jahre alt, wirkt sehr angestrengt bei seinem Anstieg und trägt einen Deuter-Rucksack, kommt also recht sicher aus Deutschland. Wir hingegen gehen locker abwärts dem Fluss entgegen. Auf den Bergen gibt es hier fast keine Vegetation, so dass man die unterschiedlichen Materialien gut erkennen kann. Verschiedene Ockertöne überwiegen, von hellem Ocker, das fast gelb erscheint über dunkles Ocker bis hin zu schwarz. Aber es gibt auch Hügel die Türkis schimmern. Der Fluss hat sich in mehr als ein Dutzend Arme geteilt, diese glitzern wenn das Sonnenlicht von den Wolken freigegeben wird. Da müssen wir zwar oft furten, aber die einzelnen Wasserläufe sind durch die breite Fächerung nicht so tief. Bei gelegentlichem Sonnenschein und leuchtend blauem Himmel, der durch die Wolkendecke sichtbar ist, kann man diesen Fluss prima nutzen, um Bilder vom Furten zu machen. Leider lässt sich die Sonne nur gelegentlich sehen, so dass das Farbenspiel der Berge nicht so beeindruckend ist wie gehofft. Beim Furten stoßen wir auf Quellen, an denen heißes Wasser aus dem Untergrund hervortritt, was an kleinen Dampffahnen und einem leicht schwefeligen Geruch zu erkennen ist. Es tritt aber nur wenig heißes Wasser aus dem Untergrund hervor, so dass man an der Temperatur des Flusswassers keine Erwärmung spüren kann. Etwa einen Kilometer vor Landmannalaugar stoßen wir auf den Laugavegur. Als Erstes fällt mir ein Schild auf, dass das Gebiet aus dem wir gerade kommen als „restricted area" ausweist. Auf unserem Weg hatten wir kein Schild gesehen, nach dem der Durchgang untersagt gewesen wäre. Aber was hätten wir auch gemacht? Ich denke wir hätten so ein Schild ignoriert, so wie es der Wanderer getan hat, der uns vor etwa einer Stunde begegnet ist. Meine Planung wäre über den Haufen geworfen worden, so etwas schätze ich überhaupt nicht. Wir hätten den viel längeren Weg über die Piste nehmen müssen, was uns etwa einen halben Tag gekostet hätte und wir wären nicht allein gewandert, sondern hätten immer Platz für Busse und Geländewagen machen müssen.

Ich bin geschockt darüber, wie breit der Laugavegur neuerdings ausgebaut ist und wie vielen Menschen wir begegnen. Das war vor acht Jahren noch anders, als ich mit meinem Sohn Vincent hier gewandert bin. Etwa zehn vermutlich Freiwillige bauen den Weg weiter aus und begrenzen mit Bändern die Stellen, an denen sich Touristen aufhalten dürfen.

Bei der Anzahl der Zelte in Landmannalaugar hat sich in den letzten Jahren nicht viel geändert. Bei meinem ersten Besuch hier, 1984, haben wir in erster Linie Isländer gesehen, die am Wochenende in die Natur gefahren sind, die Musik ganz laut gestellt haben, um mit ordentlich Alkohol Party zu machen. Jetzt ist Landmannalaugar fest in Touristenhand. Identische Zelte zeigen an, dass auch einige Reisegruppen hier übernachten. Ich weise Heike auf die weltbekannte Badestelle hin, da ich meine sie wolle da hineinhüpfen, wie so viele der Touristen, für die es ein absolutes Highlight ist in eine heiße Quelle zu springen. Das Wasser kommt heiß aus dem Rand eines Lavafeldes heraus und vermischt sich in einem aufgestauten Becken mit kühlerem Wasser. So kann man die ideale Badewannentemperatur wählen, je nachdem wie dicht man an den Zulauf des heißen Wassers geht. Aber auch für Bakterien finden sich ideale Bedingungen, was mich darin bestärkt auf ein Bad zu verzichten. Das kalte Wasser der Bäche ist sehr sauber, so sauber, dass man es wie gesagt problemlos trinken kann, doch bei dem warmen, aufgestauten Wasser kann man nicht wissen, was man sich einfängt.

Heike ist schnell zurück, es zieht sie wohl auch nicht ins warme Wasser. Wir haben Handy-Empfang, mitten in der Wildnis, mehr als 50 km vom nächsten Ort entfernt nutzen wir die Gelegenheit ein paar Grüße zu versenden. Es sollte für die nächsten drei Tage auch der letzte Handy-Empfang sein.

Es tummeln sich zu viele Menschen in Landmannalaugar,

jetzt kommen auch noch zwei Reisebusse an, so dass schon vier Busse hier stehen. Damals fuhren zwei Busse in der Woche. Wo man auch hinsieht wandern Leute, ob auf den Bergen oder in den Tälern, überall bewegt es sich. Es ist voll geworden in Landmannalaugar, dem Hot-Spot des Wandertourismus im isländischen Hochland. Aber es ist nicht überraschend, wenn man die Prospekte der Wanderurlaubsanbieter sieht, wie viele Islandtouren es gibt, bei denen Landmannalaugar ein Ziel ist.

Nach kurzer Pause geht es weiter. Zunächst gehen wir mit anderen Wanderern auf ausgetretenen Wegen, bei denen Brücken uns das Furten der Bäche ersparen. Dann biegen wir ab in unser Tal und sind plötzlich allein. Der Fluss hat anfangs ein mehrere hundert Meter breites Schotterbett, in dem er sich in verschiedenen Ästen talwärts bewegt. Es gibt eine Piste, deren Verlauf wir zunächst folgen. Doch schon bald wird die Piste immer undeutlicher und ist schließlich nicht mehr zu erkennen.

Der Fluss scheint mit seinen verschiedenen Seitenarmen das ganze Tal voll auszunutzen und bietet uns keine Chance trockenen Fußes dem Tal zu folgen. Also müssen wir mehrfach Stellen suchen, um die verschiedenen Flussarme zu durchqueren. Da das Wetter gut ist, macht es mir nicht viel aus, wenngleich wir immer ohne Hose gehen müssen, denn das Wasser reicht bei starker Strömung bis über die Knie.

Nach ein paar Flussdurchquerungen stehen wir vor einem schnell fließenden und tiefen Flussarm. Ich schlage vor die Hose auszuziehen und die Tiefe zu testen. Aber das Wasser, dessen Tiefe man nicht erkennen kann, macht Heike Angst. Sie möchte lieber den seitlichen Bergrücken erklimmen. Damit ersparen wir uns zwar das Furten, aber es geht sehr steil hinauf, das ist jetzt kein Wandern mehr, sondern wir klettern mit Hilfe der Hände dem Gipfelgrat entgegen. Die beste Route ist dabei nicht so einfach zu finden, denn einige Stellen des Hanges sind zu steil, an anderen wirkt das Gestein zu brüchig. Das führt dazu, das wir uns einmal für die falsche Route entscheiden, was sehr ärgerlich ist, denn wenn man sich quasi auf allen vieren den Berg hinauf gequält hat, möchte man nicht wieder hinunterklettern, um eine andere Route auszuprobieren. Wenige Meter vor dem Grat wählen wir unterschiedliche Routen, während Heike steil geradeaus klettert, wähle ich eine flachere Querung, um langsam nach oben zu gelangen.

Ich habe mich gerade oben auf dem Grat niedergelassen, als ein Aufschrei von Heike mich aufblicken lässt.

„Möchtest du ein paar Schneehuhneier?" ruft sie herüber.

Ich weiß nicht so recht etwas mit der Frage anzufangen. Hat Heike gerade ein Huhn verscheucht und bietet mir die Eier an? Ich überlege, dass man nicht wissen kann, wie lange die Eier schon bebrütet sind, vielleicht sind ja schon kleine Küken darin, folglich verneine ich, aber nicht nur aus diesem Grund. Aber natürlich war es auch keine ernst gemeinte Frage von Heike.

Nachdem sich Heike neben mir niedergelassen hat, fängt sie an zu erzählen: „Ich komme über die Kuppe des Hügels, als mich ein Schneehuhn anfaucht und nach rechts vom Nest flüchtet, während ich einen Satz nach links mache. So liegen wir beide erst einmal ein paar Sekunden da. War das ein Schreck für das Schneehuhn und für mich! Das Huhn hat wirklich gefaucht, ich wusste bisher nicht einmal, dass Hühner auch fauchen." „Lass uns eine Pause machen", schlage ich vor, um die Aussicht und Atmosphäre noch eine Weile auf mich wirken zu lassen.

„Ja gute Idee", antwortet Heike. „Man war das hart! Ich bin total fertig. Lass uns was essen und trinken."

Wir genießen die Aussicht bei Tee und Müsliriegel. Von unserem Bergrücken haben wir eine fantastische Aussicht auf die vielfarbigen Berge von Landmannalaugar. Es ist eine Landschaft ohne bunte Blumen, Büsche und Bäume, aber trotzdem gibt es eine Vielfalt an Farben, die bei Sonnenlicht oder bedecktem Himmel immer neue Kontraste bietet.

Heike meint: „Wenn wir uns den Fluss ansehen hat es sich wirklich gelohnt, wir hätten an einer Stelle durch den Fluss gehen müssen, die viel tiefer aussieht als dahinten. Dort hat sich der Fluss stärker verzweigt und es sieht viel einfacher aus."

„Ja hier oben auf dem Grat geht man schon angenehmer, aber lange können wir hier nicht weitergehen, das Seitental ist so tief eingeschnitten, da geht es oben nicht weiter. Wir müssen schauen, ob wir dort vor dem Seitental in unser Tal absteigen können", erkläre ich unseren Weg. „Wenn wir in das Seitental absteigen, können wir erst am Ufer entlanggehen, dann die vier schmalen Arme durchqueren. Danach gehen wir links durch den Fluss, wo er so breit aussieht, das müsste gut gehen", überlegt Heike.

„Schau mal wieviel Schnee dahinten auf den Bergen liegt. Irgendwo dort müssen wir über die Berge, das sieht ganz schön kalt aus," äußere ich meine dunkle Vorahnung.

Wir finden einen überraschend leichten Weg ins Tal, ohne zu klettern geht es hinab. Die ersten Furten sind auch nicht schlimm, das Wasser reicht bis etwas über die Knie, aber der Fluss schlängelt sich stark und nutzt das Flussbett voll aus. Uns bleibt nichts übrig als ständig wieder durchs Wasser zu gehen. Oft liegen nicht einmal 100 Meter zwischen zwei Furten. Das bedeutet es lohnt sich nicht Hose und Schuhe wieder anzuziehen, stattdessen gehen wir mit nassen Beinen und Füßen in Crocs von einer Furt zur nächsten. Das Wasser fließt schnell und ist eiskalt. Während die Furt am Morgen noch dazu reizte Fotos zu machen, wollen wir jetzt nur noch durch.

Nachdem wir uns mehr als zwei Stunden so vorangekämpft haben, beschwert sich Heike: „Ich bin total ausgekühlt! So geht es nicht weiter!" „Dann lass uns das Zelt aufbauen, mir reicht es auch. Das Wetter ist deutlich schlechter geworden, wenn es jetzt noch anfängt zu regnen, ist das Furten eine

Katastrophe. Vielleicht können wir dort im Seitental unser Zelt aufbauen", antworte ich.

Natürlich versperrt uns wieder ein Arm des Flusses den Zugang zu dem anvisierten Zeltplatz.

„Warte hier, ich gehe kurz rüber und schaue nach, ob eine Stelle geeignet ist. Dann brauchst du im Zweifelsfall nicht vergeblich durchs kalte Wasser", schlage ich vor.

Nach kurzer Inspektion der Fläche rufe ich Heike und gemeinsam wählen wir einen schönen Platz für unser Zelt. Nun heißt es: Zelt aufbauen, Wasser holen und Wasser für unsere Fertiggerichte erhitzen. Wieder steht unser Zelt in einer fantastischen Landschaft. Aus dem Zelt blicken wir auf das Tal, das an dieser Stelle bestimmt 200 m breit ist, es wirkt ganz harmlos, weil man vom Fluss nur ein paar der kleineren Arme sehen kann. Durch das Seitental, in dem unser Zelt steht, fließt ein Bach, also wieder Anschluss an fließend kaltes Wasser. Daran wie der Bach sich in die Ablagerungen geschnitten hat, sieht man, dass er zeitweise viel, viel mehr Wasser führen muss. In der Schneeschmelze ist mit Sicherheit das ganze Tal unpassierbar. Irgendwie ist ja jetzt noch immer Schneeschmelze, aber man sieht die Spuren von viel größeren Wassermassen. Die Felsen um uns herum sind sehr steil, es ist nicht das sonst übliche lockere Material, sondern feste Felsen mit Überständen und scharfen Zinnen.

Nachts kommt Wind auf, der das Zelt ordentlich schüttelt. Wenn ich wach bin, versuche ich die Stange am Kopf etwas zu stützen. So ist es eine unruhige Nacht, in der ich oft wach bin. Gegen Morgen wird es unangenehm kalt. Ich schlafe in einem Sommerschlafanzug, von dem ich glaubte, er würde ausreichen, da mein Schlafsack angeblich bis −9 °C genutzt werden kann. Er ist aber einige Jahre alt und hat wohl schon viele Daunen im Laufe der Jahre verloren. Ich decke den Oberkörper zusätzlich mit meiner Fliesjacke zu, so ist es wieder warm genug. Auch wenn ich in dieser Nacht etwas gefroren habe, bin ich doch großer Fan von Daunenschlafsäcken, denn sie verbinden geringes Gewicht mit kleinem Packmaß. Vor der nächsten Islandreise sollte ich meinen mehr als 20 Jahre alten Schlafsack gegen ein neues Exemplar austauschen. Auf jedem Fall wird es wieder ein Daunenschlafsack.

Abseits ausgetretener Wege geht es bergan

Das Tal der unzähligen Furten

Auf einsamen Grat, der richtige Weg wäre links im Tal

Tag 4: Der längste Tag

Als wir morgens aus dem Zelt schauen, hängen Nebelschwaden an den Spitzen der Felsen. Es sieht nach Nieselregen aus, ist aber derzeit noch halbwegs trocken. Nach dem Frühstück stehen wir mit Zahnbürste im Mund vor rotbraunen, dunkelbraunen und schwarzen Felswänden mit grünen Moosflecken. Man fühlt sich bei diesem Anblick klein und fern von Mensch und Zivilisation. Dann geht es wieder los: Zelt abbauen und Rucksack packen. Die Bergstiefel brauchen wir nicht anziehen, denn die erste Furt wartet nur 30 Meter von unserem Zeltplatz entfernt. Die Wanderung geht so weiter, wie wir sie gestern beendet haben. Ständig müssen wir durch das kalte Wasser. Aber wir kommen unserem Ziel näher, das Tal macht einen Bogen, dort dürfen wir in das Seitental abbiegen.

„Ich dachte wir haben es jetzt geschafft und wir müssen nicht mehr immer furten, aber wir müssen wohl noch einmal durchs Wasser, so kommen wir nicht in das Seitental hinein. Lass uns aber vorher auf die Karte schauen. Irgendwie scheint mir das Gelände nicht zur Karte zu passen. Wir können noch immer Landmannalaugar sehen, das dürfte nach der Karte nicht der Fall sein."

Heike holt den Kompass raus und wir norden die Karte ein.

„Schau mal wir sind erst hier an der ersten Biegung des Tals. Hier fließt ein Fluss durch das Seitental, so wie es auf der Karte eingezeichnet ist. Bei dem Seitental mit dem Wanderweg ist kein Fluss eingezeichnet, das heißt, wir sind noch weit von der Stelle entfernt, an der wir das Tal verlassen können. Wir müssen wohl dem Tal noch lange weiter folgen. Da gibt es noch einige Furten".

Heikes Kommentar dazu lautet: „Dann brauchen wir so bald nicht duschen, bei der vielen Fußwäsche kann der Dreck von oben nachrutschen." „Dort hinten scheint die Biegung zu sein, an der wir endlich aus dem Tal rauskommen, los! Weiter geht es!"

Mit der Zeit wird das Tal enger, dadurch fließt der Fluss nicht mehr in so vielen Armen und jeder Arm hat mehr Wasser, also ist der Fluss tiefer, außerdem scheint das Gefälle hier größer zu sein, was sich in einer stärkeren Strömung zeigt. Das Furten wird immer unangenehmer. Das Wasser geht uns jetzt bei jeder Furt bis über die Knie und die Kälte schmerzt, was nicht verwundert bei einstelligen Außentemperaturen und Wasser, das direkt von Schneefeldern kommt. Da wir durch den Fluss hindurch müssen, gehen wir zügig ins Wasser, aber spätestens ab der Hälfte tut die Kälte weh. Die Beine schmerzen, was umso schlimmer ist, je mehr von den Beinen Kontakt mit Wasser hat. Man möchte so schnell wie möglich aus dem Wasser, doch bei starker Strömung kann man nur langsam gehen. Durch die vielen Furten kommen wir diesen Vormittag nur schlecht voran, denn vor jedem Furten müssen wir nach einer geeigneten Stelle suchen, das kostet alles in allem sehr viel Zeit.

Wir sind völlig entnervt, doch wenn wir umdrehen würden, müssten wir noch einmal das Tal mit allen seinen Furten durchqueren. Das kommt für uns nicht in Frage, wir sind auch so schon ordentlich ausgekühlt und wollen so schnell wie möglich das Tal verlassen. Wir kommen zu einer Stelle, wo der Fluss noch tiefer als bei den bisherigen Furten erscheint. Heike hat Bedenken, ob es uns überhaupt gelingt den Fluss hier zu queren, oder ob wir mit dem Fluss mitgerissen werden. Bei ihren Recherchen zum PCT ist Heike auf den Tod einer Wandrerin gestoßen, die beim Furten mitgerissen wurde und dabei ertrunken ist. Das scheint ihr Bild vom Furten zu beeinflussen.

Auf die Idee, dass mich der Fluss mitreißen könnte, war ich bisher noch nicht gekommen. Aber an den Wanderstöcken spürt man deutlich die Kraft der Strömung. Man kann sie hier kaum nutzen, weil sie vom Wasser so stark weggedrückt werden.

Wir müssen weiter, also Wanderhose ausgezogen, Crocs an und ins Wasser. Es ist wirklich tiefer und die Strömung ist auch sehr unangenehm. Auf der anderen Seite steigt das Ufer plötzlich an. Ich verliere das Gleichgewicht und stürze das Ufer hinauf. Dabei schlage ich mir das linke Knie auf und an der rechten Hand bekomme ich blutende Schürfwunden. Die Wunden am Knie werden noch Monate nach der Wanderung gut sichtbar sein, weil es nicht nur oberflächliche, leichte Kratzer sind. Wahrscheinlich ist die Kälte daran schuld, dass die Haut so schnell reißt. Durch den Sturz werden die Stiefel, die ich mit den Stöcken in einer Hand halte völlig nass und auch der Rucksack taucht am unteren Ende etwas ins Wasser. Abends muss ich feststellen, dass sowohl die Isomatte, als auch der Schlafsack etwas Wasser abbekommen haben. Heike überwindet die Furt ohne Sturz, aber bei uns Beiden sind die Unterhosen nass. Bei den letzten beiden Furten in diesem Tal klammern wir uns aneinander. Bei ihrem Seminar zum PCT hat Heike gelernt, wie man sich am Rucksack des Partners festhalten muss, so gehen wir jetzt gemeinsam durch den Fluss, was umständlicher ist, aber es gibt uns Sicherheit.

Bei der letzten Furt des Tals ruft Heike plötzlich: „ Mein Croc!"

Da sehe ich ihn auch schon auf der Strömung davonschwimmen. Schnell bin ich am Ufer, schmeiße den Rucksack weg und laufe dem Croc hinterher. Der macht ordentlich Tempo und tänzelt verspielt auf den Wellen dahin. Er bewegt sich auf eine Steilwand zu, wo der Fluss eine Kurve macht und das Wasser besonders tief ist.

„Lass ihn schwimmen!" ruft Heike, „das ist viel zu gefährlich! Das bringt es nicht ein, dass dir etwas passiert."

Heike kommt langsam ans Ufer. Mit nur einem Croc kann sie im kalten Wasser auf den Steinen nur langsam gehen, was den Kälteschmerz und die Verletzungsgefahr noch einmal deutlich erhöht. Ich beobachte den Croc, wie er sich schnell entfernt. Damit zeigt er deutlich die Strömungsgeschwindigkeit an, die ich bisher wohl unterschätzt habe. Dadurch, dass Crocs so leicht sind und kein Wasser aufnehmen, schwimmt Heikes Croc prima oben auf den Wellen. Jetzt ist der einsame Croc auf dem Weg in den Nordatlantik. Wann wird er ihn wohl erreichen? Heike ärgert sich über den Verlust des Crocs. Sie hat außer den Wanderschuhen nur die Crocs zum Furten und für das Zelt dabei.

„Das nächste Mal nehme ich Gummibänder mit, um die Crocs besser zu sichern", erklärt Heike.

Es ist die letzte Furt in dem Tal der tausend Furten. Jetzt geht es endlich weg vom Wasser. Aber genau dort, wo der Weg nach unserer Wanderkarte entlang führen müsste, fließt das Wasser direkt am Eingang des Seitentals vorbei, dort ist das Wasser besonders tief und dahinter versperrt ein Schneefeld den Zugang. Der Schnee bildet dort eine ca. zwei Meter hohe Wand, direkt hinter dem tiefen Wasser. Das ist für uns nicht machbar. Ohne Rucksack suche ich einen Weg über ein Schneefeld, das am Rande des großen Tals liegt und fast bis zum Seitental reicht, auch von hier scheint es unmöglich für uns diese Stufe zu überwinden, einfach zu steil und viel zu gefährlich.

Heike blickt auch etwas zweifelnd zum Hang hinüber und sagt: "Das geht gar nicht. Bist du dir sicher, dass wir dort hoch müssen?"

„Ja bin ich! Aber lass uns zur Sicherheit noch einmal auf die Karte schauen."

Die Karte bestätigt meine Einschätzung. Schön wäre hier aber ein Hinweisschild, nur so zur Beruhigung. Der Zugang zu unserem Seitental ist unpassierbar, aber die Nachbarschlucht mit nur kleinem Schneefeld bietet einen Ausweg. Mit den Bergstiefeln lassen sich gut Tritte in den Schnee schlagen. Der Schnee ist weich genug, dass man nicht Gefahr läuft auf vereister Oberfläche auszurutschen, aber er ist auch nicht so weich, dass er ein Vorankommen erschweren würde. Sogewinnen wir in brauchbarer Zeit an Höhe. Oben am Ende des Schneefeldes ragt bedrohlich steil eine Felswand auf, also müssen wir den richtigen Punkt finden, um den Grat zwischen den kleinen Tälern zu überwinden und auf den eigentlichen Weg zu gelangen.

Der Grat ist nur wenige Meter höher als das Schneefeld und besteht aus brüchigen Steinen, umgeben von Lockermaterial. Auf diesem Untergrund kann man nicht normal gehen, man würde auf den lockeren Steinen wegrutschen. Im schlimmsten Fall würde man bis in den Fluss unten im Haupttal rutschen. Aber wie im Schnee kann man auch hier mit den Stiefeln Tritte in den Untergrund schlagen, um sicher gehen zu können. Ich wähle nicht den direkten Weg, der erscheint mir zu steil und gefährlich. Lieber nur leicht ansteigend im Bogen dem Nachbartal entgegen. Heike folgt mir langsam auf allen Vieren den Hang hoch. Die Anstrengung und Fokussierung auf jeden Schritt lässt uns die Kälte des Furtens schnell vergessen. Auf dem Grat angekommen wähle ich eine leicht abfallende Route in das Seitental, das eigentlich unseren Wanderweg beherbergen soll. Doch von einem Weg ist nichts zu sehen, was an dem vielen Schnee liegen kann. Für einen sicheren Tritt muss ich jeweils mehrfach mit dem Stiefel gegen den Hang treten, bis eine Fläche entsteht, der ich zutraue mein Gewicht ohne abzurutschen zu tragen. Heike hat ihre Wanderstöcke im Rucksack verstaut, so dass jeder jetzt einen Stock nutzt, um etwas besser das Gleichgewicht zu halten. Die Hand ohne Stock stützt sich an den steileren Stellen am Hang ab, das gibt Sicherheit. Es ist deutlich unangenehmer bergab zu gehen, weil man immer vor Augen hat, wo man hinrutscht, wenn man den Halt verlieren würde. Die Wanderung auf solch einem Untergrund ist auf Dauer sehr anstrengend und kostet viel Zeit.

Ohne den Halt zu verlieren gelangen wir schließlich auf das Schneefeld, auf dem wir jetzt wieder aufsteigen und deutlich an Höhe gewinnen. Das Tal der tausend Furten liegt jetzt schon weit unter uns. Am Ende des Schneefeldes scheint es die beste Route zu sein, einer schmalen Schlucht aufwärts zu folgen, in der ein kleines Rinnsal fließt. Größtenteils sind Hügel und Täler frei von Vegetation, scheinbar kleinste Bäche formen in dem Lockermaterial, aus dem hier fast alles zu bestehen scheint, tief eingeschnittene Täler. So auch das Rinnsal, dem wir jetzt folgen. Wie kann so wenig Wasser solch eine Schlucht bilden?

Nach kurzer steiler Kletterpartie gelangen wir schließlich auf eine kleine Ebene, von der wir einen herrlichen Blick auf das Nachbartal haben. Dieses Tal ist viel enger und scheint außer dem Flussbett weitgehend von Schnee bedeckt zu sein. Hier oben sind die Flanken der Berge fast schneefrei, so dass wir die verschiedenartigen Farben und Farbschattierungen bewundern können. Es ist beeindruckend wie vielfältig die Farben in einem relativ kleinen Gebiet sind. Man könnte lange stehenbleiben und die Landschaft bewundern, aber wir müssen weiter. Wir haben heute schon so viel Zeit verloren. Ein Blick auf die Karte, die wir sicherheitshalber nach dem Einnorden mit dem Kompass zu Rate ziehen, zeigt uns, dass ich instinktiv in die falsche Richtung gegangen wäre. Also lieber einmal mehr nachsehen. Über ein großes Schneefeld steigen wir ins Tal ab und schlagen dabei gleich die Richtung flussaufwärts ein. So gelangen wir an eine sehr schmale Stelle des Tals, an der das Wasser des Flusses mit Kraft und hohem Tempo talwärts strebt bis es unter einem Schneefeld verschwindet.

„Auf dieser Seite geht es nicht weiter, wir müssen ans andere Ufer, das sieht nicht ganz so steil aus!" sage ich.

„Du willst doch nicht etwa einfach über die Schneebrücke gehen? Das ist viel zu gefährlich. Wer weiß wieviel der Fluss von unten abgeschmolzen hat. Vielleicht ist die Schneedecke ganz dünn", bringt Heike ihre Bedenken vor.

„Schau da drüben, das Ufer ist nicht ganz so steil und auf den großen Steinen direkt am Wasser müssten wir problemlos langkommen. Das ist der einfachste Weg, oder zieht es dich schon wieder ins Wasser? Ich gehe über den Schnee und du mit deinem einen Croc durch den Fluss!"

Heike ist noch nicht überzeugt, dass die Schneebrücke die beste Lösung ist.

„Schau die Schneebrücke ist so breit und in der Mitte wirkt sie auch sehr dick und stabil. Ich versuche es und du folgst mir, wenn ich drüben bin", versuche ich Heike zu beruhigen. Die Schneebrücke macht auch beim Überqueren einen sehr soliden Eindruck und Heike folgt mir zögerlich. Auf dieser Seite können wir im Geröll direkt am Fluss gehen. Es kostet sehr viel Zeit, Steine und Felsen liegen nur locker und bei jedem Schritt muss man überlegen, wo man den Fuß hinsetzt und ob die Steine wohl wegrutschen, was viele auch tun. Nach 100 Metern kommen wir an ein Schneefeld auf dem man gut gehen kann, aber nicht lange, dann fordert der Fluss wieder zum Furten auf. Da wir jetzt in einem Seitental unterwegs sind, ist die Wassermenge nicht sehr groß, es sind nur zehn Meter knietiefes Wasser.

„Nimmst du meine Crocs?" frage ich provokativ. „Du hast ja nur noch einen!"

„Willst du wirklich mit den Bergstiefeln durchs Wasser gehen?" fragt Heike.

„Ja, die sind sowieso ganz nass, da kann ich sie auch gleich anbehalten. Ohne Schuhe kannst du hier nicht durchgehen. Da fehlt dir die Trittsicherheit und du kühlst noch mehr aus, weil du viel langsamer bist", versuche ich Heike zu überzeugen.

„Ok, dann ziehe ich erst einmal deine Crocs an, aber wie willst du deine Bergstiefel je wieder trocken bekommen"?

„Indem ich die Socken oft wechsele" verweise ich auf meine lange Erfahrung mit nassen Füßen. „So wie ich es auf meinem Trip mit Vincent gemacht habe. Socken in der Hand halten und umherwirbeln bis sie trocken sind, dann Socken tauschen."

Auf der anderen Seite geht es auf einem Schneefeld weiter. Wir ziehen die Hosen nicht wieder an, da wir damit rechnen, sehr schnell wieder furten zu müssen. Immer wieder müssen wir nach dem sichersten Weg Ausschau halten und uns voranarbeiten. Es ist ein Abenteuer mit ganz neuen Herausforderungen. Ich gehe mit den nassen Bergstiefeln vorne, Heike folgt in meinen Crocs. In den Crocs hat sie auf dem Schnee nicht den Halt wie in Bergstiefeln und stürzt. Durch die fehlende Bekleidung zeichnet sich das Rutschen auf dem Schnee gleich in schmerzenden, roten Linien auf dem Oberschenkel ab. Heute ist ein schmerzreicher Tag für uns. Hinzu kommt, dass die Haut an den Händen durch Kälte und kaltes Wasser leidet und es entstehen schmerzhafte Risse, wie man sie im Winter gelegentlich hat. So ist es nicht nur lästig die Wanderstiefel nach dem Furten wieder anzuziehen, sondern es ist auch schmerzhaft, besonders durch Risse an Daumen und Zeigefinger. Ohne die beiden Finger kann man Bergstiefel aber nicht ordentlich zubinden.

Das kalte Wasser und jetzt auch noch der Sturz auf dem Schneefeld, Heike hat keine Lust mehr auf furten. Sie findet seitlich eine Schlucht, die scheinbar einen Ausweg bietet dem Furten im Tal zu entkommen. Eine ca. eineinhalb Meter hohe Stufe in dem Einschnitt in dem gelegentlich Wasser fließt, sollte zu überwinden sein. Also wieder die Wanderhosen anziehen, den Einschnitt hoch und dann versuchen auf dem Grat voranzukommen. Doch die kleine Stufe lässt sich nicht überwinden, das Gestein ist einfach zu brüchig. Versucht man sich auf einen Stein zu stellen, schon rutscht er weg. Will man sich an einem Stein festhalten, schon hat man ihn in der Hand. Es ist nichts zu machen, die Stufe lässt sich nicht überwinden. Wir müssen ein Stück zurück und suchen einen flacheren Einstieg an der Flanke, um auf den angrenzenden Nebengrat zu gelangen.

Ich gehe leicht ansteigend Richtung Mitte des Grats, wobei ich mich bei jedem Schritt um eine sichere Standfläche mühen muss, aber so kommen wir langsam voran und gewinnen an Höhe. Der Anstieg auf dem steilen Grat ist mit dem schweren Rucksack sehr anstrengend, aber auf diesem Anstieg wäre es schon mit dem Tagesrucksack, wie wir ihn immer bei Wochenendwanderungen im Harz tragen, hart voranzukommen. Immer wieder müssen wir kurze Pausen einlegen, um zu verschnaufen, wobei es nicht so einfach ist sichere Standplätze zu finden. Haben wir einen geeigneten Standplatz gefunden, dann nutzen wir die Gelegenheit zurückzublicken und uns darüber zu freuen, wieviel Höhe wir schon gewonnen haben und wie beeindruckend die Landschaft ist. Kurz bevor wir ganz oben ankommen, wird es flacher und wir können uns an einem etwas geschützten Platz hinsetzen, Tee trinken und einen Müsliriegel essen. Wir schauen uns in aller Ruhe um. An der geschützten Stelle, wo wir uns jetzt befinden ist etwas Moos gewachsen, sonst sind Bergrücken und Täler fast vegetationslos. Das Tal aus dem wir kommen wirkt von hier oben sehr schmal und in beiden Richtungen bis auf den Wasserlauf völlig mit Schnee bedeckt. Es sieht eindeutig nicht nach einer Sommerwanderung aus.

Wie schon gestern haben wir viel Kraft aufgewendet, um nicht furten zu müssen, hoffentlich fehlt uns diese Kraft nicht später, denn es zeigt sich, dass die Wanderung sich ganz anders als erwartet entwickelt. Als wir weitergehen kommen wir auf einen schmalen Grat. Für Heikes Geschmack ist er viel zu schmal. Auf der einen Seite geht es steil in das große Tal, in dem wir fast einen Tag mit dem Fluss gekämpft haben, auf der anderen Seite geht es nicht so steil in das Nebental, aus dem wir gerade aufgestiegen sind. Während unten viel Schnee liegt, ist es hier oben fast schneefrei, nur auf der Nordseite liegen Schneefelder, die bis ins Tal hinabreichen.

Heike bewegt sich nur langsam und zögerlich auf dem Grat, sie hat kein Vertrauen in den brüchigen, weichen Untergrund. Ich nutze die Zeit um in Ruhe ein paar schöne Fotos zu machen. Trotz total beeindruckender Natur habe ich heute bisher nur wenige Fotos gemacht. Die Anspannung ist einfach zu groß und wir haben den Eindruck viel zu langsam zu sein. Folglich will ich keine Zeit durchs Fotografieren verlieren.

Glücklicherweise ist der Wind nur schwach, sonst wäre Heike wohl nicht über den Grat gegangen. Wir kommen hier oben ohne große Höhenunterschiede ganz gut voran bis uns wieder ein tief eingeschnittenes Seitental hinab zwingt. Der Abstieg ist steil aber unproblematisch. Mit den Wanderstöcken lassen sich die Knie gut entlasten, das ist wichtig, um nicht zwischenzeitig Probleme zu bekommen. Das würde heute auch noch fehlen.

Im Tal angekommen gehen wir einige hundert Meter flussaufwärts über Schneefelder bis zu einem breiten Seitental, das leicht ansteigend rechts abzweigt. Bisher haben wir noch nicht viel Strecke gemacht, es werden nicht einmal zwei Kilometer in der Stunde gewesen sein, dabei ist heute ein Tag, an dem wir viel schaffen müssen, denn wir wollen nicht am Gletscher zelten, sondern noch etwas absteigen in Regionen, in denen weniger Schnee liegt.

„Ich glaube hier müssen wir abbiegen. Hole doch bitte mal den Kompass raus, dann schauen wir gemeinsam auf die Karte", sage ich zu Heike. „Ich hoffe du hast Recht, dort sieht es schon wieder stark nach Furten aus", antwortet Heike während sie ihren Kompass aus der Hosentasche fischt.

„Ja so passt es, wir können jetzt das Tal verlassen und müssen diesem Seitental folgen. Da können wir über den Schnee gehen und müssen endlich nicht mehr furten."

„Unter dem Schnee fließt aber Wasser. Sei vorsichtig und lass uns am Rand gehen", äußert Heike ihre Bedenken gegen Schneebrücken. Das Seitental steigt sanft an und auf dem Schnee lässt es sich ganz gut gehen. Es ist zwar anstrengender als auf festem Untergrund, aber erstmals an diesem Tag haben wir das Gefühl richtig voranzukommen, nur meine Stiefel werden so nie trocknen. Wir steigen immer weiter im Schnee auf. Der Blick auf die Karte hilft nicht wirklich weiter. Nach meinem Gefühl müssten wir schon viel weiter sein. Wahrscheinlich kommen wir auf dem Schnee doch nicht so gut voran wie ich denke, aber wir sind jetzt viel schneller als bisher an diesem Tag.

Das Tal leitet uns immer weiter bergan, man hat nicht das Gefühl eine Wahl zu haben, wo man langgehen kann. Gelegentlich gibt es Seitentäler, doch die führen immer in offensichtlich falsche Richtungen. Im Allgemeinen geht es nur leicht bergan, aber einzelne Stellen sind steil, so dass man vorsichtig die Schneefelder erklimmen muss. Es zieht sich so in die Länge, dass ich Zweifel bekomme, aber es lieber nicht ausspreche, es ist auch so schon hart genug. Indem wir dem Tal folgen, das ständig um Kurven führt, verlieren wir den Sinn für die Richtung. Doch der Kompass gibt die Sicherheit, die richtige Richtung eingeschlagen zu haben.

Schließlich kommen wir an eine Stelle, wo wir die Wahl haben weiter im Tal zu gehen oder ein paar Meter aufzusteigen und auf dem Grat zu gehen, wo wir auf festem Grund sind und den besseren Überblick haben. Wir entscheiden uns für die Aussicht und steigen ca. 30 Meter auf einer Schneerampe hinauf. Die sieht so aus, als hätte der Wind sie extra so geformt, damit man leichter auf den Grat gelangen kann. Die Rampe wirkt wie von Menschenhand gebaut, aber wer sollte das in dieser Abgelegenheit getan haben. Endlich geht es über schneefreien Grund und wir sind oben auf dem Grat, wieder einmal mit fantastischer Aussicht. Die letzte Stunde sind wir immer in einem Tal gegangen und konnten nicht weit sehen, doch jetzt schauen wir weit über das Hochland mit zahllosen Schneefeldern und schneefreien Hügeln. Die Gipfel der höheren Berge liegen in den tief hängenden Wolken und sind nicht zu sehen.

Nach 300 Metern wird der Grat sehr schmal und Heike hat ein schlechtes Gefühl die Stelle zu überqueren. Auf der einen Seite geht es etwa 50 Meter senkrecht hinab, aber die andere

Seite sieht nicht gefährlich steil aus.

„Bist du sicher, dass wir auf dem richtigen Weg sind und dahinten auch wieder ins Tal kommen? Ich habe keine Lust zweimal über diesen Grat zu gehen", sucht Heike nach einer Ausrede.

„Nein bin ich nicht. Warte einen Augenblick. Ich setze den Rucksack ab und schaue schnell nach, ob wir hier weiterkommen." Ich gehe etwa hundert Meter weiter, finde aber keinen Abstieg, der einladend aussieht. Alles wirkt von hier oben zu steil, aber es ist auch schwer abzuschätzen, da man zu wenig von den verschiedenen Abstiegsrouten einsehen kann. Also kehre ich zurück zu Heike, die noch auf der anderen Seite der schmalen Stelle wartet.

„Wir können hier ins Tal absteigen", begrüßt sie mich bei der Rückkehr.

„Findest du das nicht zu steil?" äußere ich meine Zweifel.

„Nein, schau mal dort können wir bestimmt weitergehen. Von hier steigen wir im Bogen hinab, dann können wir etwas rechts queren, um drüben zu dem Seitental zu gelangen.

Über steile Schneefelder deren Ränder tückisch vereist sind und Schotterflächen steigen wir ab in ein Tal, das nicht in der Richtung liegt, die wir gehen müssen, aber wenn wir unten im Talgrund angekommen sind, müssen wir dem Tal nur aufwärts folgen und haben wieder die richtige Richtung. Es geht heute ordentlich hoch und runter und nie ist der Weg einfach und bequem. Mit Karte und Kompass suchen wir den weiteren Weg und entscheiden uns für ein kleines Tal, in das wir über ein recht steiles Schneefeld gelangen. Heike scheint bei Schneefeldern in ihrem Element, auch wenn sie mir zu steil erscheinen, hat sie keine Bedenken und geht voran. Unser Weg führt uns heute durch ein Labyrinth von Tälern, trotz Kompass und guter Wanderkarte bin ich mir über den Weg nicht mehr sicher, aber diese Zweifel behalte ich für mich.

Nach dem mühsamen Aufstieg geht es in einem kleinen Bachbett weiter leicht ansteigend, aber nach 300 Metern stehen wir an einer steil abfallenden Felswand. Also zurück bis ins Tal. Glücklicherweise müssen wir beim Schneefeld nicht ganz absteigen sondern können halbwegs die Höhe halten. Wir folgen dem Tal auf einem Schneefeld, auf dem ganz viele kleine Haufen Kies liegen. Der Schnee hat unter dem Kies eine Form, die ans Wattenmeer erinnert oder an eine Wüstenlandschaft aus der Luft. Wir können uns nicht erklären, wie so etwas entstanden sein kann. Wir gehen noch einige hundert Meter bergauf, dann scheinen wir den höchsten Punkt erreicht zu haben, es scheint abwärts zu gehen. Doch plötzlich geht es wieder bergan, ein Erdrutsch ist in das Tal abgegangen und behindert unser Fortkommen. Wieder verlangt uns der Weg unerwartet einen Kraftakt ab. Schließlich führt uns das Tal doch kontinuierlich bergab, bis es sich weit öffnet und wir vor dem Gletscher stehen. Durch die Schneefelder kann man nicht erkennen was nur Schneefeld und was schon Gletscher ist. In der Zwischenzeit hat leichter Nieselregen eingesetzt, was die Sicht beeinträchtigt, vielleicht liegt der obere Teil des Gletschers aber auch schon in den Wolken. Das volle Ausmaß lässt sich unter diesen Bedingungen nur erahnen.

Nach einem Blick auf die eingenordete Karte scheinen wir auf dem richtigen Weg zu sein. Wir müssen uns am Rand eines Bergrückens halten, der sollte nach Karte jenseits des Gletschers liegen, so dass wir kein Problem mit Gletscherspalten bekommen können. Wir steigen weiter bergab am Gletscherrand entlang. Vom tiefen Blau der Gletscherspalten ist nichts zu sehen, alles ist zu dick mit Schnee bedeckt. Dass es sich um einen Gletscher handelt, kann man nur aus der Karte ersehen.

Wir folgen talwärts der Gletscherkante bis wir durch einen kleinen aber reißenden Fluss aufgehalten werden. Der Fluss rauscht nur wenige Meter von uns entfernt aus einem Gletschertor heraus. Das Wasser sieht so noch kälter aus, als in den Flüssen, die wir bisher gefurtet haben. Zu meiner Überraschung will Heike sofort über eine Schneebrücke gehen, die etwa zehn Meter oberhalb des Gletschertors sich an den Gletscher zu lehnen scheint. Mir scheint die Schneebrücke auf den ersten Blick nicht sicher genug zu sein, doch Heike geht gleich los. Zunächst müssen wir Stufen in den Schnee schlagen und zwei Meter an der Gletscherfront steil ansteigen, dann geht es fast eben über die Brücke und sie hält zuerst Heike, dann auch mich. Noch vor ein paar Stunden hätte ich Heike nicht bewegen können solch eine unsichere Schneebrücke zu überqueren. Bei den Schneebrücken, die wir bisher überwunden haben, konnte man nicht sehen, wie tief man stürzt. Hier ist es offensichtlich, es geht mehr als zehn Meter hinab ins kalte Wasser. Auf der anderen Seite der Schneebrücke erreichen wir schnell festen Grund, den Rücken eines Hügels der schneefrei ist.

Schon vor etwa einer Stunde hatte ich die Hoffnung den höchsten Punkt der heutigen Etappe erreicht zu haben, doch wir müssen wieder bergauf gehen. Der Bergrücken begrenzt den Gletscher, vielleicht ist es eine Seitenmoräne. Vom höchsten Punkt des Hügels lässt sich trotz des jetzt stärkeren Nieselregens der weitere Verlauf gut überblicken. Eine Einschätzung der Entfernungen ist aber schwer möglich, weil ein Größenvergleich wie ein Haus oder ein Auto fehlt. Wir legen gemeinsam unsere Route fest. Es lässt sich erahnen, dass wir noch mehr als eine Stunde über Schneefelder werden gehen müssen und am Ende dessen, was wir von hier einsehen können, liegt wieder ein schneebedeckter steiler Anstieg.

Bei Nieselregen auf Schneefeldern haben meine Bergstiefel noch immer keine Chance zu trocknen. Wenn sie nicht schon völlig durchnässt wären, müssten Sie es jetzt werden. Aber ich empfinde meine Füße derzeit nicht als kalt und unangenehm nass. Der Körper läuft auf Hochtouren, da funktioniert auch die Heizung der Füße. Vielleicht ist es auch eine Frage des Adrenalins, ohne einen AdrenalinKick wäre Heike nicht gerade über die Schneebrücke gegangen. Wir sind Helden und lassen uns nicht besiegen!

Der direkte Weg ist nicht machbar, zunächst müssen wir mit einer Abweichung von fast 45° über ein Schneefeld leicht bergab gehen, bis zu einem Grat hinter dem ein breites flaches Tal liegt. Nachdem wir den nächsten Grat erreicht haben, geht es zunächst steil bergab, bis wir auf der Ebene die richtige Richtung einschlagen können. Auf der anderen Talseite steigt ein Schneefeld zunächst langsam, dann immer steiler an. Dort sehen wir Reifenspuren. Jemand ist mehrfach den Hang hinauf und wieder hinunter gefahren. Wir können uns nicht vorstellen, wie man in diese Gegend mit einem Auto kommen kann. Die Wege, die wir gegangen sind, waren eindeutig nicht autotauglich.

Schon in Reykjavik fallen die vielen überdimensionierten Geländewagen auf, mit riesigen Reifen und sehr viel Bodenfreiheit. Ein Touareg wirkt klein daneben. Für Pisten braucht man solche Gefährte nicht, sondern um über Gletscher und querfeldein durchs Gelände zu fahren, dafür sind die Autos konzipiert. Hier wird der Fahrer auch über den Gletscher gekommen sein, um so richtig durch die Wildnis zu heizen. Man liest die Isländer sind von den Touristen genervt, weil diese ihre empfindliche Natur zerstören. Das Moos, auf das ein Tourist tritt, würde Jahre brauchen, bis es sich wieder erholt hat. Doch was ich bisher von den Isländern gesehen habe, so sind es die Isländer, die nicht genug Aufmerksamkeit ihrer fantastischen Natur entgegenbringen. Die Touristen sind in erster Linie an den Hot-Spots und da auch in Massen, das ist beklagenswert, aber in die entlegenen Ecken kommt man nur mit Hilfe der Isländer. Oder die Isländer kommen da alleine hin. Außer natürlich wir beiden, die einen Wanderweg eingeschlagen haben, den es nur auf der Wanderkarte gibt. So sind wir in diese abgelegene Ecke des Hochlandes gelangt, in der wir schon seit einem Tag keinen anderen Menschen gesehen haben.

Das Schneefeld, in der Richtung in der wir gehen, ist fast eben, es scheint sich endlos hinzuziehen. Durch den Nieselregen ist die Sicht schlecht und so scheinen die Entfernungen noch größer. Wir haben rechtzeitig die Regenhosen angezogen, damit ist es erträglich. Man hat nicht den Eindruck nass zu werden, nur meine Füße, die sind natürlich ganz nass. Wir sind jetzt schon sieben Stunden unterwegs, da ist es schmerzhaft, wenn am Ende eines endlosen Schneefeldes der Weg noch einmal deutlich ansteigt. Mit den Stunden haben wir schon einen Großteil unserer Kräfte aufgebraucht.

Wir starren zwischenzeitig immer zu dem steil ansteigenden Schneefeld, das wir noch erklimmen müssen, damit wir möglichst den direkten Weg gehen. Die meiste Zeit ist der Kopf gesenkt, um möglichst wenig Regen abzubekommen. Am unteren Ende des Anstieges sehe ich undeutlich einen schwarzen Punkt. Es könnte ein Mensch sein, der dort entkräftet zusammengebrochen ist. Der noch lebt oder auch nicht, ein Mann oder eine Frau. Wir haben so unendlich viel Zeit beim langsamen Trott durch den Regen, um die Gedanken umherschweifen zu lassen. Selbst so blödsinnigen Ideen, dass dort jemand liegen könnte, kann man bei einer so langen Wanderung nachgehen. Es bleibt noch immer ganz viel Zeit für die wirklich wichtigen Gedanken. Wie wir beim Näherkommen erkennen, ist es nur ein Stein, ich hatte aber auch nichts anderes erwartet.

Es sind nur etwa 200 Meter Anstieg, aber an einem so harten Tag sind wir froh, als es nicht mehr bergauf geht. Weiter auf Schneefeldern schreiten wir jetzt zur Abwechslung bergab. Es geht wirklich nicht mehr höher und damit ist das Gehen nicht mehr so anstrengend. Wir sind jetzt schon fast acht Stunden unterwegs und hätten gerne einen Platz, um unser Zelt aufbauen zu können. Dafür brauchen wir aber eine ebene, schneefreie Fläche, die ist hier weit und breit nicht zu sehen. Wir sind also darauf angewiesen deutlich abzusteigen, um die schneereiche Region zu verlassen. Auf einem

Schneefeld unser Zelt aufzubauen kommt für mich nicht in Frage, wir machen ja keine Arktisexpedition. Schließlich endet das Schneefeld und wir sehen an einem kleinen Bach einen schmalen Weg. Haben wir es jetzt geschafft? Haben wir einen Weg gefunden? Wir folgen dem, was ich für einen Weg gehalten habe, doch schon nach 20 Metern ist es kein Weg mehr und nach 50 Metern stehen wir an einem Wasserfall, der vor uns ca. 30 Meter in die Tiefe stürzt, dann nach einer Stufe weitere 20 Meter abstürzt. Hier kommen wir nicht entlang. Links von uns zeigt das ganze Tal diese Stufe, da ist es überall zu steil. Die andere Seite des Tals lässt sich von hier nicht vollständig einsehen. Direkt neben dem Wasserfall könnten wir zwei Meter auf ein Schneefeld hinabklettern, doch man kann nicht sehen, wie es am Ende des Schneefeldes bergab geht. Von unserem Standpunkt aus sieht es viel zu steil aus.

Ich lege entnervt meinen Rucksack ab und klettere einige Meter seitlich den Hang hinauf, um nach einer Möglichkeit zu suchen, gefahrlos dem Tal zu folgen. So erschöpft, wie wir nach der langen anstrengenden Wanderung sind, haben wir keine Lust noch nach dem richtigen Weg zu suchen, wir wollen nur noch schnell weiter bergab. Von der Spitze des Hügels habe ich einen guten Überblick und finde einen Weg, der möglich erscheint. Das Schneefeld direkt unter mir wirkt viel zu steil, aber etwas entfernt ist der Schnee zunächst nicht so steil, dort wo es steiler wird sind es nur wenige Meter, die wir zu dem Rand eines Schotterfeldes absteigen müssten. Das scheint machbar.

Ich gehe zurück zum Wasserfall, um Heike und meinen Rucksack zu holen. Auch Heike meint der Weg sei geeignet, aber in erster Linie mangels anderer Möglichkeiten. Wir müssen hier weiter und das schnell. Als wir an der Stelle ankommen, an der ich die wenigen Meter auf dem Schneefeld steil zum Schotterfeld absteigen wollte, bekomme ich schwere Zweifel. Es scheint mir fast senkrecht bergab zu gehen. War wohl doch nicht eine so gute Idee!

Zehn Meter parallel am Hang entlang bietet sich die Chance auf eine Stufe im Schneefeld abzusteigen. Hier muss der Schnee abgerutscht sein und hat diese Stufe gebildet. Als ich oberhalb der Stufe bin, muss ich nur noch zwei Meter steil absteigen, doch ich gebe mir bei den Tritten nicht genug Mühe und rutsche ab, aber die Schneestufe fängt mich auf. Im ersten Augenblick ist es der totale Schock auf einem steilen Schneefeld den Halt zu verlieren, doch sofort danach reagiert der Körper. Instinktiv wird aus dem haltlosen Rutschen ein mehr oder weniger gezieltes Gleiten. So lande ich unbeschadet auf der Stufe, die mich sicher vor einer mehr als 100 Meter langen Rutschpartie bewahrt. Auf der Stufe können wir relativ bequem den Hang queren, um auf ein Schotterfeld zu gelangen. Am Ende der Stufe bleiben noch etwa zehn Meter sehr steiles Schneefeld zu überwinden. Jetzt gebe ich mir sehr viel Mühe gute Tritte auszuarbeiten. In dem steilen Gelände hat es sich bewährt nur einen Stock zu benutzen. Heike hat ihre im Rucksack verstaut. So stützen wir uns an der Bergseite mit der Hand ab, während wir auf der Talseite den Stock zur Hilfe nehmen, das vermittelt etwas Sicherheit.

Auf dem Schotterfeld ist es überraschend einfach abzusteigen, denn wir lassen uns einfach mit dem lockeren Material abwärts gleiten. Wir versuchen nicht bei jedem Schritt sicheren Halt zu bekommen, sondern rutschen und kommen so zu sehr raumgreifenden Schritten. Unten wartet das nächste Schneefeld, das ist mir etwas zu steil, aber Heike geht auf direktem Weg bergab. Ich machen zwei Bögen, um nicht ganz so steil gehen zu müssen. Dann haben wir die beiden Stufen des Wasserfalls überwunden und können wieder im Talgrund gehen. Das Tal ist vollständig mit Schnee bedeckt, folglich müssen wir immer etwas am Rand gehen, um nicht Gefahr zu laufen auf einer zu dünnen Schneebrücke einzubrechen. Wiederholt wird das Tal schmaler, hier hat sich das

Flussbett tief in die Felsenlandschaft gegraben. Unter dem Schnee hören wir das tosende Wasser. Wir gehen mit Bedacht und mulmigem Gefühl im Bauch voran. Der Zwang heute noch Strecke machen zu müssen treibt uns und lässt uns die Gefahren verdrängen.

Wir sind erschöpft, aber in den letzten Stunden hat sich keine Pause angeboten. Sich bei Nieselregen auf ein Schneefeld zu setzen ist nicht einladend. Nach einigen Biegungen des Tals finden wir einen Felsen mit Überstand, der so groß ist, dass wir vom Regen geschützt sind und uns etwas an den Felsen anlehnen können. Wir trinken den Rest unseres Tees und essen einen Müsliriegel. Den Rucksack absetzen zu können und nicht im Regen zu stehen empfinden wir jetzt als Erholung, hier können wir es uns kurz gutgehen lassen bei Müsliriegel und warmem Tee. Nach kurzer Pause müssen wir weiter durch den Regen. Beruhigend ist zu sehen, dass wir kontinuierlich bergab gehen. Schließlich wird das Tal breiter und von links kommt ein weiterer Bergbach aus einem Seitental. Unser Tal führt jetzt auch nicht mehr oder weniger Geradeaus wie in der letzten Stunde, sondern macht einen Bogen nach Süden, in die Richtung, die wir noch mehr als einen Tag gehen müssen. Die Schneefelder bedecken noch immer fast vollständig das Tal, von den Bergbächen ist nichts zu sehen. Also weiterhin nach sicherem Grund suchen. Einen knappen Kilometer nach dem Richtungswechsel wird das Tal wieder breiter, nach zwischenzeitig schmaler Schlucht mit steilen Felsen am Rand. In diesem breiteren Teil des Tals fließt der Fluss Richtung Süden, so kommt genug Sonne ins Tal, um größere schneefreie Flächen entstehen zu lassen. Endlich können wir nach einem geeigneten Platz für unser Zelt suchen. Fließendes Wasser gibt es hier genug und auch moosbedeckte Flächen, auf denen man ein Zelt aufstellen kann. Also ein paar Steine schnell entfernen, Unebenheiten platttreten und dann das Zelt aufstellen, um aus dem Nieselregen heraus zu kommen. Doch im Zelt gibt es für mich zunächst eine böse Überraschung, bei meinem Sturz im Fluss war auch mein Rucksack etwas ins Wasser getaucht, was ich aber nicht bemerkt habe. Als ich jetzt den Rucksack auspacke, muss ich feststellen, dass sowohl die Isomatte als auch der Schlafsack nassgeworden sind. Ich rolle den Schlafsack aus, ein etwa DIN A4 großer Fleck ist äußerlich nass. Ich fühle im Inneren nur ganz leichte Feuchtigkeit, das dürfte in der Nacht eigentlich kein Problem mit der Kälte geben. Die Nässe an der Isomatte bereitet mir keine Sorgen.

Endlich komme ich aus den nassen Strümpfen heraus. Die Füße sind ganz schrumpelig von der Nässe aber es hat sich trotz der langen Wanderung keine Blase gebildet. Wie jeden Abend holt Heike schnell ihren geliebten Kocher heraus und bereitet heißes Wasser für unsere Hightech-Fertignahrung.

„Nach der heutigen Wanderung habe ich mir eine ganz große Portion von dem Fertigfutter verdient, meinst du nicht auch? Ich glaube die Linsen sind am schwersten, dann gibt es heute 140 Gramm Linsen", erkläre ich meine Wahl.

„Ich esse heute Thai Chicken, das sind 139 Gramm und es sollen 654 kcal sein", liest Heike von der Verpackung ab. „Das ist doch eine Menge oder nicht?"

„Meine Linsen haben 670 kcal, davon kann man schon ein paar Minuten gehen. Beim Müsli hatte ich auch einmal nachgesehen. Die 150 Gramm, die ich mir jeweils daheim abgewogen habe, machen 540 kcal. Dann esse ich im Laufe des Tages noch zwei Packungen Müsliriegel. Da sind immer zwei Riegel zu je ca. 100 kcal drinnen, also zusammen 400 kcal Müsliriegel. Also esse ich ca. 1600 kcal am Tag. Ich hatte mal gegoogelt, ein Mann in meinem Alter braucht ca. 2200 kcal bei wenig körperlicher Belastung. Wenn wir heute neun Stunden den Rucksack geschleppt haben, brauchen wir natürlich einige Kilokalorien mehr. Im Internet habe ich gelesen, dass man beim Wandern 320 kcal in der Stunde verbraucht. Rechnen wir mal 300 kcal mal zehn Stunden, weil das leichter ist, so kommen wir auf 3200 kcal plus den

Grundumsatz, also in Summe 5000 kcal, das sind im Verbrauch 3400 kcal mehr als wir essen."

„Aber ich hatte in den letzten Tagen nicht den Eindruck ich sei hungrig und hätte nicht genug zu essen", unterbricht Heike meinen Vortrag. „Lass mich mal weiter rechnen. Ein Gramm Fett sind ca. zehn kcal. Die 3400 kcal, die wir heute weniger gegessen als verbraucht haben, sind folglich 340 Gramm Fett. So viel müsste der Körper heute eigentlich an Fett abgebaut haben. Gut dass wir reichliche Reserven haben. Aber da siehst du warum unsere Hosen jetzt immer rutschen", beende ich meine Ausführungen.

Nach dem Essen und meinem Vortrag ist es Zeit die Wunden des Tages zu lecken.

Heike fordert mich auf: „Zeig mir mal dein Knie, da muss ich bestimmt das Pflaster wechseln. Das sieht aber übel aus. Da sind ja neben dem Pflaster noch zwei weitere Stellen die geblutet haben".

„Klebst du mir auf die Finger bitte auch neue Pflaster", bitte ich Heike.

„Gut, dass ich das Verbandsset vorher aufgefüllt habe, ist aber auch nicht normal, so viel Pflaster wie wir heute brauchen. Dafür haben wir aber auch ganz viel erlebt: die vielen Furten, dann dein Sturz und schließlich schwimmt mein Croc tanzend auf den Wellen davon."

„Das scheint schon so lange her. War das wirklich erst heute Morgen. Es ist heute mehr passiert, als eigentlich in einen Tag passt", antworte ich.

„Am schlimmsten fand ich die Unsicherheit, wir haben den ganzen Tag kein einziges Hinweisschild gesehen, nicht ein Hinweis darauf, dass wir auf dem richtigen Weg sind. Besonders an der Stelle, wo wir das Tal mit den vielen Furten verlassen haben, dachte ich, das kann nicht der Weg sein. Da kommen wir nie hoch. Erst der Fluss und dann die Schneekante schienen mir unüberwindbar", sagt Heike.

„Ich habe auch manchmal an dem Weg gezweifelt", gebe ich

zu. „Aber es gab keine Alternative, umdrehen mit all den Furten war für mich keine Option".

„Dann diese endlosen Schneefelder oben am Gletscher, das sah nicht nach Sommerurlaub aus, eher nach einer Polarexpedition."

„Es war schon ein herausragender Tag", sage ich. „Mit beeindruckender Landschaft, ganz besonders oben auf dem schmalen Grat, der dir nicht gefallen hat. Aber die Landschaft war doch toll, wie man in die Täler blicken konnte. Das war fantastisch! Gut, dass ich dort ein paar Fotos gemacht habe, sonst waren es heute nicht so viele. Ich war einfach zu angespannt und nachmittags war das Wetter zu schlecht".

Nachts kommt Sturm auf und ich versuche erneut die Stange in der Nähe meines Kopfes abzustützen, was ich aber mit der Zeit aufgebe und lieber nach dem anstrengenden Tag versuche zu schlafen. Zweimal werde ich aber wach und der Wind hat einen Hering am Vorzelt herausgerissen. Dadurch werden ein paar Sachen die dort liegen nass. Also muss ich raus in den Sturm und den Hering neu befestigen. Erst beim zweiten Mal lege ich einen ordentlich großen Stein zur Absicherung auf den Hering. Da es nachts nicht dunkel wird, habe ich kein Problem im Flusstal einen geeigneten Stein zu finden. Danach brauche ich nicht mehr hinaus in den Sturm.

Das Tal der unzähligen Furten liegt hinter uns

Etwas Wind von links

Tag 5: Sturm und Sonnenbrand

Morgens liegt mir eine Zeltstange auf dem Gesicht. Der Wind bläst so stark, dass die Windseite des Tunnelzeltes bei Böen ganz platt gedrückt wird. Es ist wirklich unangenehm, wie Zelt und Zeltstange mir auf das Gesicht schlagen. Gestern Abend herrschte fast Windstille. Bei der Ausrichtung des Zeltes war ich davon ausgegangen, der Wind würde talabwärts blasen. Daher haben wir das Zelt in dieser Ausrichtung aufgestellt, was sich auch vom Gefälle her angeboten hat, der Kopf liegt etwas höher als die Beine. Dummerweise hat sich der Wind nicht an meinen Überlegungen orientiert und gibt dem Zelt eine volle Breitseite.

„Ich will nicht mehr, dass mir die Zeltstange ständig im Gesicht liegt", beschwere ich mich bei Heike und bringe sie damit zum Lachen. Zu diesem Zeitpunkt sind die Zeltstangen schon unwiederbringlich verbogen. Es ist die dritte Nacht für das neue Zelt und schon sind die Stangen unbrauchbar. Vor dem Urlaub hatte ich überlegt ein Hillebergzelt zu kaufen, weil ich bei längeren Wanderungen auf Island und Grönland gute Erfahrungen damit gemacht habe. Ein leichtes, sehr strapazierfähiges Zelt, was ich mir lediglich geliehen hatte. Dieses Hillebergzelt ist nach zehn Jahren noch immer in einem ausgezeichneten Zustand.

Vor dem Urlaub war ich aber der Meinung ein Zelt für 700 €müsse ausreichen, ein Zelt das Polar heißt und was bei einem namhaften Hersteller zur hochwertigsten Kategorie gehört. Ich war auch davon ausgegangen in meinem Leben nicht mehr so oft zelten zu wollen. Also fiel die Entscheidung für das günstigere Zelt. (Später versuchte ich die unbrauchbaren Stangen vom Hersteller ersetzt zu bekommen, da ich der Meinung bin, solch ein teures Zelt muss länger als drei Nächte halten, was die Firma anders sieht.) Also mein Rat: sollte jemand planen auf Island zu zelten, so sollte er sich ein gutes, windstabiles Zelt zulegen.

Beim Frühstück spricht Heike an, worüber ich mir schon gestern Gedanken gemacht habe: „Schaffen wir die Strecke überhaupt rechtzeitig bis zu der gebuchten Hütte in Thorsmörk? Wenn wir weiter so wenig Strecke an einem Tag schaffen, kann das doch nicht funktionieren?"

„Jetzt wird der Weg leichter und wir werden schneller vorankommen", beruhige ich sie. „In ein paar Stunden kommen wir auf die Strecke, die ich mit Vincent gegangen bin. Da kann ich es gut einschätzen. Aber über den Umweg brauchen wir uns keine Gedanken mehr machen. Ich hatte erwartet, dass wir viel schneller sein würden und quasi einen Tag für einen Umweg nutzen könnten. Das hat sich erledigt!"

„Ich hoffe du hast Recht und wir schaffen es rechtzeitig", bringt Heike ihre Verunsicherung zum Ausdruck. „Es wäre schade wegen der bezahlten, teuren Hütte. Außerdem würde uns das Essen ausgehen."

„Hast du schon kein Fett mehr zu verbrennen?" nutze ich die Steilvorlage.

Heike kontert: „Der Hose nach zu urteilen ist mir das Fett gerade ausgegangen!"

Erstmals müssen wir das Zelt im Sturm abbauen, doch dafür muss ich zunächst in die nassen Stiefel schlüpfen, was anfangs sehr unangenehm ist. Ich merke nicht, ob die Stiefel in der Nacht überhaupt getrocknet sind. Der Sturm behindert uns nur leicht beim Abbauen des Zeltes, auch wenn einzelne Böen recht heftig sind. Beim Zusammennehmen der Lebensrettungsfolie, die wir als Fußboden im Vorzelt ausgebreitet haben, reißt die Folie ein und ein größeres Stück fliegt davon. Heike will hinterherlaufen.

Ich rufe ihr zu: „Lass es, du hast doch keine Chance, so schnell wie die fliegt!" Das sieht sie ein und bricht ihren Versuch ab. Über ein Schneefeld jagt die Folie dahin und ist schon nach wenigen Sekunden verschwunden.

Heike kommentiert den Verlust etwas ärgerlich mit dem Satz: „Nimm nichts mit außer deine Eindrücke und lasse nichts zurück außer deine Abdrücke."

Nachdem alle Sachen verpackt sind, folgen wir dem Tal abwärts, müssen aber schon bald feststellen, dass wir auf der falschen Seite des Flusses sind, folglich wieder Schuhe und Hose aus und furten.

Ich kann es nicht lassen Heike zu ärgern: „Du hast ja nur noch einen Croc, das ist doof. Ich gehe zuerst durch den Fluss und werfe dir dann die Crocs herüber. Der Fluss ist nicht so breit, das klappt!"

„Nein ich versuche es mit den wasserfesten Handschuhen, die nehme ich doppelt und ziehe sie über den Fuß, das müsste gehen", antwortet Heike. Das Wasser ist wie immer kalt, aber die Stelle ist günstig und das Wasser geht uns nur bis zu den Knien, auch blinzelt die Sonne durch die Wolken und lässt das Wasser besonders dort, wo es über Steine hinabstürzt wunderschön glitzern. Da ist das Furten gleich viel angenehmer als im Regen. Auch Heike kommt mit ihrer neuen Fußbekleidung ganz gut klar und kann zügig durchs Wasser gehen. Trotz des starken Windes wirkt der Tag deutlich freundlicher. Vereinzelt ist richtig schöner blauer Himmel zu sehen, was untypisch für Island ist.

Auf der anderen Seite des Flusses finden wir nach einer Weile einen mehr oder weniger deutlichen Wanderweg, dem wir bergab folgen. Der Weg zieht sich, aber heute haben wir das Gefühl richtig Strecke zu schaffen. Mal ist ein Trampelpfad deutlich zu erkennen, dann wieder sehen wir keine Spuren und gehen Richtung Gletscher, den man schon in der Ferne erkennen kann. Er wirkt gigantisch groß, wie er sich flach in der Ferne ausbreitet. An seinem nördlichen Rand werden wir morgen viele Kilometer durch eine schwarze Sandwüste gehen, bevor wir schließlich auf den Laugavegur stoßen werden.

Es geht überwiegend parallel zum Fluss, an dem wir gezeltet haben, über hügeliges Gelände abwärts. Hier sind wir nicht mehr in einem schmalen Tal eingeengt, hier ist die Landschaft weitläufig mit einzelnen Bergen. Man kann weit sehen, außer dem Trampelpfad sind keine Spuren der Menschheit zu sehen und der Weg ist auch nur undeutlich und phasenweise überhaupt nicht zu erkennen. Wenn wir den Trampelpfad verloren haben, gehen wir in einem gewissen Abstand nebeneinander, in der Hoffnung so schneller den Weg wieder zu finden. Doch es ist auch nicht wirklich wichtig, entscheidend ist allein die Richtung. Gelegentlich queren wir kleine Bäche, was mit einem großen Schritt erledigt ist. Auch einzelne Schneefelder liegen noch auf unserem Weg, aber die meiste Zeit ist der Untergrund nur sporadisch bewachsen und man sieht ihm an, dass er vor kurzem noch mit Schnee bedeckt war. Hier ist die Vegetationsperiode extrem kurz.

Schließlich gelangen wir über einen Bergrücken und sehen eine weite Ebene vor uns, die auf der einen Seite von einem herrlich himmelblau schimmernden See begrenzt wird. Diese Ebene habe ich auf meiner Wanderung mit Vincent schon gesehen und ich erkenne auch die Piste auf der anderen Seite, der wir steil aufwärts folgen müssen. Vor Jahren hatte mich dieser Anstieg in eine tiefe Krise gestürzt. Jeglicher Anstieg war mir damals zuviel und dann mein Sohn an meiner Seite, dem das alles nichts auszumachen schien, wodurch ich weniger Pausen gemacht habe, als für mich gut war. Dieses Mal trage ich ca. fünf Kilogramm weniger, was ich besonders merke, wenn es bergauf geht und auch die Pausengestaltung ist großzügiger als damals. Heute kann mich dieser Anstieg nicht mehr schocken, es wird schon!

Wir finden einen Trampelpfad, der leicht abschüssig um die Ebene herumführt. Die ganze Zeit bläst noch ein unangenehmer Wind, bei dem Pausen keinen Spaß machen. An einer verfallenen Hütte finden wir etwas Schutz vor dem Wind und setzen uns auf eine brüchige Mauer. Es gibt Müsliriegel und Erdnüsse zum Fencheltee im strahlenden Sonnenschein. Die Berge sind überwiegend aus schwarzem Schottermaterial, auch die Ebene vor uns ist überwiegend schwarz. Einige

Bergrücken sind mit Moos bewachsen, in den Senken liegt noch Schnee was das Schwarz der Berge noch stärker hervorhebt. Dazu das grün des Mooses, das schon fast leuchtend wirkt und der blaue Himmel mit Wattewolken. Der Sonnenschein bringt diese Farbigkeit richtig gut zur Geltung und bei einer Pause können wir den Anblick ganz besonders genießen und ein paar Fotos schießen. Soweit das Auge reicht keine Häuser, keine Menschen nur Natur – pur! Wie dicht dagegen doch Deutschland besiedelt ist, wie viele Menschen mehr in Deutschland auf der gleichen Fläche wohnen würden. Hier kann man zwei Tage wandern, ohne einem Menschen zu begegnen, bei uns sind schon zwei Stunden viel.

Bei dem Wind spürt man die Kraft der Sonne kaum, aber sie scheint intensiv auf unsere Gesichter, die einzige Hautfläche neben den Händen, die nicht durch Kleidung geschützt wird. Der Wind bläst so kalt und stark, dass trotz des Sonnenscheins die Regenjacken über den Windbreaker Jacken als Windschutz erforderlich sind.

Über ein steiles Schneefeld, auf dem Heike wieder einmal furchtloser als ich hinabstürmt, kommen wir zu einem Fluss, der in einem steilen Canyon fließt, um sich dann auf der Ebene in vielen Armen auszudehnen. Der Fluss hat hier am Ende der Schlucht noch eine ordentliche Strömungsgeschwindigkeit, aber wir finden eine gut geeignete Stelle, an der das Wasser uns nur bis knapp über die Knie reicht. Mit unserer in den letzten Tagen erworbenen Erfahrung durchqueren wir die Strömung. Wieder kann ich es nicht lassen einen Spruch darüber zu machen, dass Heike nur noch einen Croc hat, auch wenn sie mit ihrem Einzelexemplar und den Regenhandschuhen jetzt schon ganz gut klar kommt. Auf der anderen Flussseite wartet eine Grasfläche in der Sonne, wo wir Beine und Füße abtrocknen und im Sonnenschein wieder Hose, Strümpfe und Schuhe anziehen.

Direkt hinter der Furt stoßen wir auf Grasflächen, die ideal zum Zelten sind und neben warmen Quellen liegen. An aufgetürmten Steinen, ebenen steinfreien Flächen und einer Feuerstelle sieht man, dieses ist ein Ziel für Isländer am Wochenende. Dieser Platz ist für Touristen nicht so leicht zu erreichen, hier haben Isländer gute Chancen unter sich zu bleiben. Obwohl die ebenen Flächen Platz für ca. zehn Zelte bieten, findet sich kein Müll. Deshalb muss ich hier wohl die Isländer einmal loben, aber vielleicht ist es nur eine Momentaufnahme. An der eingefallenen Hütte, an der wir vor einen halben Stunde unsere Rast gemacht haben, lag unangenehm viel Müll umher.

An ein paar Stellen dampft heißes Wasser, bevor es sich mit dem kalten Flusswasser vermischt. Auf einem ausgetretenen Trampelpfad geht es weiter. Über einen Bach, der aus einem Seitental kommt, hat man sogar ein Brett gelegt. Aber die Brücke ist schief, wackelig und unsicher und überspannt nur einen Teil des Baches, den flacheren Rest muss man über Steine balancieren. Durch das Wasser zu gehen wäre weniger gefährlich, aber wir scheinen eine Allergie gegen Furten auszubilden, also nehmen wir den gefährlicheren Weg über das wackelige Brett.

Der Trampelpfad verläuft wenige Meter oberhalb der großen Ebene am Hang entlang. An den Spuren, die an feuchteren Stellen zu sehen sind, erkennen wir, dass hier häufiger Wanderer unterwegs sind. Der Weg lässt sich gut gehen und endet nicht plötzlich wieder im Nirgendwo, sondern führt bis zu der Stelle, die ich schon aus der Ferne als Anstieg auf unserer Strecke identifiziert hatte.

Der Anstieg ist wirklich steil, nicht nur in meiner Erinnerung und zieht sich, so dass wir mehrfach eine Pause einlegen müssen. Dann freue ich mich über die tolle Aussicht und die Farben der Landschaft, die heute so schön von der Sonne beleuchtet wird. Wenn man im Harz bei einem steilen Anstieg eine Rast macht, gibt es nichts zu sehen außer den Bäumen in unmittelbarer Nähe, hier gibt es keine störende Vegetation, hier kann man viele Kilometer weit blicken.

Auf den kommenden Kilometern folgen wir der Piste, wobei wir immer nach Abkürzungen und Möglichkeiten schneller voranzukommen suchen. Teilweise gehen wir auf etwas erhöhten Graten, die uns eine gute Sicht gewähren. Die ganze Zeit haben wir Blick auf den Gletscher in dessen Richtung wir gehen, er ist zwar noch mehr als zehn Kilometer entfernt, aber er ist gut zu erkennen. Das Wetter ist heute herrlich, die Sonne scheint uns ins Gesicht, da wir die ganze Zeit mehr oder weniger Richtung Süden gehen. Mit Ausnahme des kräftigen Windes ist es ideales Wanderwetter. Noch immer ist die Landschaft mit Schneefeldern durchsetzt, aber die Schneefelder sind nicht mehr so groß wie gestern. Vor einem Tag sind wir fast ausschließlich über Schneefelder gegangen, heute sind es nur einzelne kleine Schneefelder, die wir überqueren müssen. Schließlich liegt ein kleines Tal mit Bachlauf vor uns, in dem ich vor Jahren mit Vincent gezeltet habe. Es ist ein sehr idyllischer abgeschiedener Ort, der neben einem Bachlauf herrliche Plätze für ein Zelt bietet. Wir sind damals den Rest der Strecke in drei Tagen gegangen, so viel Zeit bleibt uns nicht. Wir haben nur noch den Rest des heutigen Tages und dann zwei Tage, um in Thorsmörk anzukommen. Also müssen wir heute noch ordentlich Kilometer machen. Darum können wir uns hier nur eine kurze Rast zum Auffüllen unserer Energiereserven leisten.

Meistens gehen wir auf der Piste dem Gletscher und der Sonne entgegen, wobei es kontinuierlich bergab geht, unterbrochen von einer Anzahl kleinerer Anstiege. Schließlich sind wir nur noch etwa 500 Meter Luftlinie von einem Haus entfernt, das in der Karte als Wanderhütte eingetragen ist. Die Hütte liegt rechts vor uns, die Piste hingegen führt nach links, also ein großer Umweg, den wir meinen uns sparen zu können. Also gehen wir querfeldein einfach in Richtung des Hauses. Dort können wir die Silhouetten von Menschen erkennen, die ersten Menschen seitdem wir Landmannalaugar verlassen haben. Neben dem Haus erkennen wir drei

Autos und eine Rasenfläche, auf der man zelten kann. Das ist nicht der Hotspot des Tourismus wie Landmannalaugar, hier fahren keine Busse hin, sondern nur Isländer mit ihren Geländewagen. Zunächst gehen wir auf breiter abschüssiger Fläche Richtung Hütte, danach steigen wir in ein Bachbett ab und folgen dem Bach, bis zu einer Stelle, wo die Schlucht nur wenige Meter breit ist, teilweise von Felsen versperrt wird und anschließend das Wasser in die Tiefe stürzt. Hier geht es für uns nicht weiter, man bräuchte alpine Ausrüstung zum Abseilen. Wieder einmal müssen wir umkehren, nutzlos verpulverte Kraft, was wir uns eigentlich nicht leisten können. Denn viel Essbares haben wir nicht mehr dabei. Heike klagte schon, sie würde nachts vom Hunger aus dem Schlaf gerissen.

Wir kehren um, müssen zunächst aus dem Bachbett klettern. Danach gehen wir mehrere hundert Meter leicht ansteigend, um auf die Piste zu gelangen, die wir vor ein paar Minuten verlassen haben. Der Weg über die Piste bedeutet einen großen Umweg und fordert an einem steilen Anstieg noch einmal unsere Kräfte heraus. Eigentlich wollen wir ins Tal, doch die Pistenführung zwingt uns noch einmal zu einem Anstieg. Danach geht es endlich hinab. Die Piste ist so steil und unwegsam, dass ein normaler Allradgeländewagen Schwierigkeiten haben wird den Anstieg zu schaffen. Viel befahren ist der Weg nicht, wir sehen keinen Hinweis, dass in diesem Jahr schon ein Auto hier hinauf gefahren wäre. Wahrscheinlich ist es richtig, wenn gesagt wird, dass die Natur hier sehr lange braucht, um sich von Eingriffen zu erholen. In dem kurzen Sommer hat die Vegetation nur wenig Zeit sich zu entwickeln.

Als wir nur noch wenige Meter von der Hütte entfernt sind versperrt uns ein Fluss den Weg, es ist einer von der unangenehmen Sorte, schnell fließend und tief und selbstverständlich sehr kalt. Es gibt eine einfache Brücke, doch die liegt auf dem Trockenen. Ein Hinweisschild, ja so etwas gibt es hier auch, weist Richtung Thorsmörk. Wenn wir diesem Hinweis folgen wollten, müssten wir jetzt wieder Furten, doch dazu haben wir beide keine Lust. Ohne furten zu müssen folgen wir zunächst der Piste, die aus Richtung des Gletschers auf die Hütte zuführt, dabei gehen wir auf einer weitläufigen Ebene Richtung Süden. Nach einem knappen Kilometer lässt sich das Furten nicht mehr vermeiden, aber hier an der Autofurt ist das Wasser nicht so tief, der Fluss ist lediglich breiter und hat sich in zwei Arme geteilt. Ich gehe vor und halte Ausschau nach einem günstigen Platz für unser Zelt, während Heike durch ihr Handikap etwas länger braucht.

Durch die Ebene und die flachen Seitentäler gibt es wenig Windschutz, außerdem ist hier alles was eben ist, mit feinem schwarzen Sand bedeckt. Ich mag den sandigen Untergrund beim Zelten nicht, weil man den Sand auch ins Zelt schleppt und schließlich ist dann alles sandig, man hat das Zeug sogar im Ohr. Ich habe lieber Gras und Moos, auch wenn es dann nicht so eben ist, aber Heike ist von einem Zeltplatz auf schwarzem Sand in einem Seitental ganz begeistert. Der Platz ist so schön eben, dass man mit der Wasserwaage überprüfen müsste, wo der Kopf am besten liegen soll.

Der Wind ist im Laufe des Tages immer schwächer geworden und behindert uns nicht beim Aufstellen des Zeltes. Erst jetzt sehen wir so richtig, was die verbogenen Zeltstangen bedeuten. Das Zelt hat nicht mehr die Form eines U, das auf dem Kopf steht, sondern ein windschiefes U und könnte dem Schiefen Turm von Pisa Konkurrenz machen. Beim Abspannen versuchen wir die Verformung auszugleichen, was aber nur zu einem kleinen Teil möglich ist. Nach den Erfahrungen aus der letzten Nacht sichern wir die meisten Heringe zusätzlich mit großen Steinen, es könnte ja wieder ein Sturm aufkommen und unser Platz erscheint mir sehr windexponiert zu sein.

Beim Essenkochen spricht mich Heike an: „Du siehst ganz

schön verbrannt aus im Gesicht."

„Ich habe bei dem Wind gar nicht gemerkt, wieviel Kraft die Sonne hat, aber jetzt fühlt sich die Haut im Gesicht gereizt an", antworte ich. „Meine Lippen tun weh, die sind von der Sonne aufgerissen. Ich habe meinen Lippenstift vergessen", sagt Heike.

„Jetzt habe ich das Gefühl meine Aussage, man braucht keine Sonnencreme auf Island war doch nicht ganz richtig. Aber in der Vergangenheit habe ich auf Island nie Sonnencreme gebraucht. Heute war aber auch ein extremer Tag, weil wir so viel in Richtung der Sonne gegangen sind und nur wenige Wolken am Himmel waren", erkläre ich.

„Mal schauen, ob es ein richtiger Sonnenbrand wird, denn nach Wanderungen ist dein Gesicht doch immer allein durch die Durchblutung rot, ohne dass es ein Sonnenbrand ist", will mich Heike beruhigen.

Bei Sonnenschein, auch wenn jetzt schon die Sonne tief steht und in dem kräftigen Wind trocknet unsere Wäsche sehr gut und auch die Wanderstiefel haben die Chance abzutrocknen. Dazu nehme ich die Einlegesohlen heraus, das sollte die Trocknung beschleunigen. Um die Socken oder andere kleine Wäschestücke zu trocknen haben wir Wäscheklammern mitgenommen, bei dem kräftigen Wind ist das sehr hilfreich. Die Abende verlaufen immer recht ähnlich. Es beginnt damit, dass Heike das Zelt wohnlich macht und ich Wasser hole. Dann klettere auch ich ins Zelt, blase meine Isomatte auf und rolle den Schlafsack aus. In der Zwischenzeit macht Heike schon die erste Portion Wasser heiß, damit wir Tee trinken können. Mir ist der heiße Tee ganz wichtig, er macht das Zelt wohnlicher und läutet den ruhigen Teil des Tages ein. Ich ziehe Wanderhose und Strümpfe aus und wechsele in meine Zelthose, meine saubere Reserve-Wanderhose, mit der ich mich in den Schlafsack legen kann. Es ist ein sehr schöner Augenblick: saubere Kleidung, heißer Tee und der Moment sich nach einem langen Wandertag ausstrecken zu können. Heike sitzt im Schneidersitz im Vorzelt und bereitet die nächste Portion heißes Wasser zu. Es ist genau die Menge, die für mein Fertiggericht notwendig ist. Um das Wasserkochen und die Quellzeit des Fertiggerichtes zu überbrücken beschäftige ich mich mit Sudoku. Erst die dritte Portion heißes Wasser ist für Heikes Abendessen, oft ist sogar noch ein viertes Mal notwendig, um noch mehr Tee zu kochen. Das macht Heike aber nichts aus, denn sie ist von ihrem Kocher total begeistert und freut sich, wenn sie ihn nutzen kann. Während der ganzen Zeit sitzt sie im Vorzelt, was ihr nicht zu unbequem ist. Hin und wieder streckt sie ein Bein aus und behält dabei immer den Kocher im Auge, damit er nicht umkippt. Es ist ein Jet Boil mit Wärmetauscher und Verbrennungsschutz um den Topf herum. Man kann selbst beim Kochen den Topf mit den Händen festhalten. Zum Wasserkochen ist er super, aber für Suppe nur eingeschränkt geeignet, da der Verbrennungsschutz fest mit dem Topf verbunden ist und daher beim Abwaschen im Waschwasser wäre.

Nach dem Essen gibt es oft noch eine Leckerei, eine Portion Erdnüsse, die wir uns teilen oder Trockenfisch. Anschließend lesen wir eine Weile. Ich habe vorher lange überlegt, was ich als Lesestoff mitnehmen soll und habe mich für ein Reclam-Heft entschieden. Ja, die gibt es auch heute noch! „Die Wahlverwandtschaften" von Goethe erschien mir sehr geeignet, denn bei 150 Gramm hat das Werk ein literarisches Gewicht von mehreren Kilogramm. Selbst bei der Literatur kann man Gewichtsoptimierung betreiben. Ich habe Wahlverwandtschaften zwar früher schon einmal gelesen, aber es ist Jahrzehnte her und in dem Buch geht es um so wichtige Themen wie Chemie, schöne Frauen und Scheidung. Trotz des Alters von 200 Jahren ist der Stoff überraschend aktuell, so lese ich bei Goethe: „Schönheit ist überall ein gar willkommener Gast." So ist es ja noch heute, wahrscheinlich gilt der Satz heute noch mehr als zu Goethes Zeiten.

Heike hat sich für die Big Five for Live von John Strelecky

entschieden. Literatur die zum Nachdenken anregt und Gesprächsstoff bei der Wanderung und im Zelt liefert. Was ist wichtig im Leben, was ist der Sinn des Lebens? Wir sind sicher, dass John Strelecky meint, man solle genau das machen, was wir mit dieser Wanderung verwirklichen. Man soll seinen Traum leben, auch wenn wir beim Furten manchmal das Gefühl hatten, wir würden unseren Alptraum leben. Wichtig ist es etwas zu erleben, tiefe Erlebnisse sammeln auf die man zurück blicken kann. Bunte Bilder bleiben im Kopf, die einem niemand nehmen kann. In schweren Zeiten kann man die bunten Bilder wieder abrufen und sich daran erfreuen. Sie können dann Kraft geben und Mut machen.

Nach schweren Gedanken und harter Wanderung fordert der Tag seinen Tribut und wir kriechen nach dem Gute-Nacht-Kuss tiefer in unsere Schlafsäcke.

Im Laufe des Abends fährt ein Auto auf dem Weg zur Wanderhütte an unserem Zelt vorbei. Ich liebe abgelegene Plätze zum Übernachten, aber ein Auto am Abend ist für mich akzeptabel. An dieser Stelle kann man das Zelt schon aus mehreren Kilometern Entfernung sehen, wir haben unser Zelt nicht gerade versteckt, dennoch kann niemand unser Zelt sehen, denn da ist einfach niemand. Diese Nacht frischt der Wind nicht wieder auf und wir können gut schlafen.

Wanderung über endlose Schneefelder

Wieder einmal müssen wir kaltes Wasser aus den Bergen furten

Bekannte Landschaft, durch die ich vor 8 Jahren wanderte

Durch menschenleere Wildnis geht es Richtung Gletscher

Blick aus dem Zelt

Viele Kilometer schwarze Wüste

Tag 6: Durch die Wüste

Am Morgen gibt es wie immer Müsli mit Milchpulver und heißem Wasser direkt aus einem Zipp-Beutel. Aus so einem Beutel zu essen, ist kein wirklicher Genuss. Da ich ungelenkig bin, nicht im Sitzen auf der Erde essen kann, muss ich im Liegen essen, wie damals die alten Römern. In der einen Hand den heißen Zipp-Beutel, mit der anderen löffele ich das Müsli. Es lässt sich kaum vermeiden, dass der Löffel gelegentlich am Rand des Zipp-Beutels hängenbleibt, wobei meistens das Müsli zurück in den Beutel fällt, aber nur meistens. Es gibt keinerlei Komfort beim Essen. Alles ist sehr spartanisch.

Wir haben am Rande einer Ebene mit schwarzem Sand gezeltet, die sich von unserem Zelt wohl noch zehn Kilometer in eine Richtung erstreckt. Wenn wir aus dem Zelt blicken, ist da nur menschenleere Weite und Ruhe. Es herrscht eine unfassbare Stille, wie man sie in Deutschland kaum kennt, da durch die dichte Besiedelung fast immer eine Straße in der Nähe ist, Menschen lärmen, Musik dröhnt und dergleichen. Hier ist nichts davon, nur Weite und Ruhe.

Heike erzählt mir nach dem Zähneputzen, dass sie bei dem Blick in die Ferne ein ganz besonderes Gefühl der Freiheit habe. Man braucht nicht viel um glücklich zu sein und das Wichtigste zum Überleben fließt direkt durch die schwarze Wüste vor unserem Zelt: sauberes Wasser. Davon gibt es auf Island wirklich im Überfluss.

Unsere Wasserversorgung ist ein kleines Rinnsal. Beim Wasserzapfen müssen wir vorsichtig sein, um nicht feinen Sand mit in die Trinkflasche zu bekommen, aber das Wasser schmeckt uns - wie immer auf Island - sehr gut. Bei der Trinkflasche haben wir uns für Flaschen mit großer Öffnung von Bergans entschieden. Die Flaschen lassen sich viel leichter und schneller füllen als Flaschen mit kleiner Öffnung und sollte eine Reinigung notwendig sein, so kommt man auch mit einer Bürste in die Flaschen. Das Material ist temperaturstabil, daher kann man die Flaschen sogar als Wärmflasche benutzen, was bei uns aber bisher nicht notwendig war.

Beim Abbau des Zeltes finde ich meine Befürchtungen bezüglich des schwarzen Sandes nur teilweise bestätigt. Zwar liegen schwarzer Sand, kleine Steinchen und etwas Müsli im Innenzelt, aber es ist weniger als gedacht. Inzwischen sind wir schon ein gut eingespieltes Team beim zusammenlegen des Zeltes. Alles hat seinen festen Platz im Rucksack gefunden. Die Routine spart viel Zeit. Jeder von uns hat seinen Rucksack so ausbalanciert gepackt, das wir das Gewicht nach den ersten Tagen nicht mehr als zu störend empfinden.

Nachdem unser Gepäck in den Rucksäcken verstaut ist, geht es los. Wir lassen die Berge hinter uns, passieren nur einen auffälligen Kegelberg, der uns gestern schon viele Kilometer den Weg Richtung Gletscher gewiesen hat und gehen auf der Piste Richtung Süden. Es ist nur ein Stichweg, der von der eigentlichen Piste zur Hütte führt, die wir gestern gesehen haben.

Der Weg führt uns ca. drei Kilometer Richtung Süden auf den Gletscher zu. Der Untergrund aus schwarzem Sand mit einzelnen Steinen ist festgefahren und sehr eben, sodass wir fantastisch schnell vorankommen. Unser Kilometerschnitt ist hier sogar besser als bei unseren Wanderungen im Harz. Was auch dadurch begünstigt wird, dass es zunächst keine Furt gibt, die uns Zeit stielt. Da die Haut von dem gestrigen Sonnenschein noch gereizt ist, freuen wir uns über einen bedeckten Himmel, der aber nicht nach Regen aussieht. Bei leichtem Wind und Temperaturen um 5 °C sind die Bedingungen sehr gut, um heute viele Kilometer zu schaffen.

Nach weniger als einer Stunde erreichen wir die eigentliche Piste, jetzt geht es parallel zum Gletscherrand in Richtung Westen. Von hier aus sind es ca. 13 Kilometer, die wir ungeschützt durch diese schwarze Wüste gehen müssen. Wir können in der Ferne schon die Berge sehen, vor denen wir auf den Laugavegur stoßen werden. Der Gletscherrand ist ca. drei Kilometer entfernt und die Berge auf der anderen Seite etwa gleichweit. Dazwischen erstreckt sich eine riesige schwarze Ebene - fast ohne jegliche Vegetation.

Nach wenigen Kilometern erwartet uns dann doch noch eine erste leichte Furt, was nach mehr als einer Stunde Wandern durch die Ödnis quasi eine angenehme Abwechslung ist. Am Rand des Wassers kann sich Vegetation ausbilden. Es sind fast nur Moose, die hier wachsen, einzelne sind leuchtend gelb-grün, so leuchtend wie die Farbe von Textmarkern. Auf dem Moos entdecke ich Wassertropfen, die ich in ihrer Größe für so auffällig halte, dass ich mein Taschenmesser heraushole, um es als Größenvergleich neben die Tropfen zu legen und beides zu fotografieren. Nachdem wir mehr als zwei Stunden gewandert sind, müssen wir länger suchen, um einen geeigneten Platz für eine Rast zu finden. Der Wind ist zwar nicht stark, aber wir suchen einen geschützten Platz, um nicht so schnell auszukühlen. Schließlich finden wir ein paar Felsen, die etwas mehr als einen Meter aus der Ebene herausragen und uns einen bescheidenen Windschutz bieten. Wie immer bei unseren Wanderpausen gibt es heißen Tee und Müsliriegel.

Bei der Wanderung durch die Ebene spürt man den Rucksack viel stärker, als an den letzten Tagen. Es wird an der oft doch sehr großen Anspannung gelegen haben, dass wir den Rucksack kaum als große Last bemerkt haben. Bei der heutigen Wanderung hingegen sind wir relativ entspannt, da kann man auch mal in Ruhe in sich hinein horchen, was dem Körper nicht gefällt.

Die Schneeschmelze hat deutliche Spuren im schwarzen Sand hinterlassen. Das Wasser muss großflächig über die Ebene verteilt abgeflossen sein. Wir sehen nicht, dass dadurch starke Vertiefungen entstehen würden, die Erosion muss hier flächig erfolgen, aber nach den Spuren müssen es dennoch große Wassermassen sein, die hier abfließen. Bei einer schwarzen Sandwüste hätte ich eigentlich erwartet, dass alles Wasser sofort versickert, aber bei der Schneeschmelze wird der Boden noch gefroren sein und damit unfähig Wasser aufzunehmen, so kann das Wasser nur oberflächlich abfließen.

Kurz bevor wir auf den Laugavegur stoßen, wird die Landschaft abwechslungsreicher. Wir erreichen eine Bergkette, vor der sich ein Gebirgsfluss in die Ebene gegraben hat. Hinter dem Fluss erhebt sich eine Felswand mit einigen Überhängen, die dadurch entstanden sind, dass flüssige Lava über weicheres Material geflossen und erstarrt ist. Als sich der Fluss in diese Schichten eingegraben hat, sind lockerer Lavasand und brüchiges Gestein weggespült worden und die Überhänge sind entstanden. Einige scheinen über eine gewisse Tiefe zu verfügen. Es wäre sicherlich ganz interessant diese Höhlen zu erkunden, aber der Fluss versperrt uns den Weg und wir müssen weiter, müssen noch einige Kilometer machen, bevor wir unser Zelt aufschlagen können.

In den vier Stunden, die wir bisher gegangen sind, haben wir nur ein Auto gesehen. Als wir vor Jahren mit einem gemieteten Land Cruiser durch das Landesinnere gefahren sind, war die Nutzung einiger Pisten durch den Autovermieter verboten worden. Die Piste am Nordrand des Myrdalsjökull gehörte dazu. Da wir heute noch nicht einen Mietwagen gesehen haben, wird dies wohl noch immer gelten und diese Region bleibt weitgehend den Isländern vorbehalten.

Als wir auf den Laugavegur einschwenken, bin ich überrascht, wie ausgetreten er ist. Vor acht Jahren gab es nur eine Spur, jetzt können zwei Wanderer nebeneinander auf einem breiten, ebenen Pfad gehen. Selbst die Steine sind an den Rand geräumt. Größer könnte der Kontrast zu der Strecke nicht sein, die wir gerade durchs Hochland gewandert sind. Wir hätten uns die letzten Tage schon über gelegentlich ein Hinweisschild gefreut, hier kann man selbst mit größter Mühe den Weg nicht verfehlen, dennoch ist er mit Stöckern gekennzeichnet. Wenn Neuschnee gefallen ist, sind diese Pflöcke sicherlich sehr wichtig, doch jetzt fragt man sich nach dem Sinn. Einen noch deutlicheren Weg gibt es nicht, wahrscheinlich wird er, wenn es so mit dem Tourismus weitergeht, bald gepflastert und eingezäunt.

Nach wenigen Metern auf dem Laugavegur stoßen wir auf eine Ansammlung von Leuten, denn ein Fluss versperrt den Weg. Also heißt es Schuhe aus, Hose hochgekrempelt und durch. Dann Füße abtrocknen und wieder die Wanderstiefel an. Das kostet Zeit und so sieht man auf beiden Seiten des Flusses Wanderer bei der Vor- und Nachbereitung. Nur bei der Flussdurchquerung lässt sich angesichts der Wassertemperatur niemand Zeit. Parallel zum Wanderweg verläuft hier eine Piste. Schon aus der Ferne hatten wir fünf weiße Land Rover gesehen, die nun vor der Furt warten. Die Autos sehen total gleich aus: alle schick, neu, weiß, zu sauber für das isländische Hochland und alle mit Paderborner Kennzeichen. Die Fahrer und Beifahrer begutachten die Furt, dann fährt das erste Auto durch das Wasser, während die Zuschauer Fotos machen. Einer nach dem anderen fährt durch die Furt und wird dabei vielfach fotografiert. Die haben wohl nicht so oft gefurtet wie wir in den letzten Tagen. Sonst würden sie nicht mehr so ein Aufhebens darum machen und die Autos wären nicht mehr so sauber.

Auch die Wanderer des Laugavegurs haben offensichtlich nicht unsere Erfahrung mit dem Furten, aber sie sind auch nicht ganz unerfahren. Heute ist ein schöner Tag fürs Furten und am anderen Ufer gibt es bewachsene Flächen, auf die man sich bequem setzen kann, um die Füße abzutrocknen und Stiefel anzuziehen. Außerdem ist die Furt nur knietief und die Strömung nicht sonderlich stark. „Das war eine Furt für Anfänger. Da hattest du auch keine Probleme mit deinem einen Croc und den Handschuhen am anderen Fuß - oder?" frage ich Heike.

„Nein, war kein Problem und wir hatten ja schon mehr als zehn Kilometer keine Furt mehr, da kann man sich ja richtig freuen wieder saubere Füße zu bekommen", antwortet Heike. „Der Fluss ist aber auch so breit, da hätte ich dir die Crocs nicht übers Wasser zuwerfen können. Heute kann ich endlich nach dem Furten wieder trockene Strümpfe anziehen. Das ist richtig angenehm, auch die Schuhe sind wieder trocken. Letzte Nacht der Wind hat sie ordentlich getrocknet."

„Thomas, jetzt bist du drei Tage mit nassen Füßen herumgelaufen und hast dir scheinbar keine Erkältung geholt. Es ist doch überraschend was der Körper im Zweifelsfall verkraften kann", sagt Heike.

„Es ist auch überraschend, dass meine Füße diese Strapazen ohne eine einzige Blase verkraften. Früher hatte ich immer Probleme mit der empfindlichen Haut an den Füßen, selbst bei Laufschuhen habe ich mir Blasen gelaufen. Und hier überhaupt nichts, trotz nasser Füße und vieler Kilometer", antworte ich Heike.

Früher bin ich die Berge überwiegend in Laufschuhen hinaufgegangen und habe dann erst oben die Wanderschuhe angezogen. Ohne in Bergstiefeln Blasen zu bekommen, habe ich keinen großen Berg geschafft. Jetzt trage ich Renegade von Lowa, es ist schon das zweite Paar dieses Models. Die Schuhe sind für meine Füße einfach super: nicht zu schwer, geben dem Fußgelenk aber genug Halt und schützen beim Abstieg in Schotterfeldern. Wasserundurchlässig sind die Schuhe auch ausreichend, was auf Schneefeldern wichtig ist, mir aber die letzten Tage wenig genützt hat, da die Schuhe und Strümpfe schon vorher nass waren.

Wenn wir den Laugavegur zurückblicken, können wir eine Hütte sehen, die nur etwa zwei Kilometer entfernt steht, da der Tag schon fortgeschritten ist, müssen die anderen Wanderer wohl von einer weiter entfernten Unterkunft kommen. Nicht weit hinter der Hütte erhebt sich das richtige Hochland mit hohen Bergen und großen Schneefeldern. Uns kommen auch Wanderer entgegen, was auf dem Laugavegur eher unüblich ist, da man ihn im Hochland beginnt, damit man mehr bergab gehen kann, von den Bergen zum Meer.

Täglich sollen angeblich etwa 50 Leute den Laugavegur gehen, so haben wir jetzt andere Wanderer vor und hinter uns, an denen wir uns hinsichtlich des Tempos orientieren können.

„Was für ein Trubel das hier ist, da muss ich ja Angst haben, dass mir jemand auf die Füße tritt," übertreibt Heike leicht bei dem Anblick der anderen Wanderer. Als wir an zwei jungen Männern vorbeikommen, die erschöpft am Boden sitzen, ist Heikes Kommentar: „die ersten Beiden haben wir geschafft!"

Ich deute in die Ferne auf die nächsten Wanderer und sporne Heike an: „Die da vorne kriegen wir auch noch!"

Der Weg ist jetzt nicht mehr so eben wie die Piste nördlich des Gletschers, leicht profiliert, aber meistens ganz leicht abschüssig. Der Untergrund ist wenig verändert, schwarzgrauer Sand, nur liegen jetzt mehr Steine auf der Ebene umher. Auch sind die Berge an den Seiten nicht mehr so weit entfernt. Sind sie mit Moos bedeckt, so bietet das Grün einen schönen Kontrast zum Schwarz der Ebenen. Nach drei Kilometern auf dem Laugavegur kommen wir zu einer Brücke über einen reißenden Fluss. Die Brücke an dieser Stelle hat ihre Berechtigung, durch solch einen Fluss kann man nicht Furten. Nur wenige Meter neben der Brücke stürzt der Fluss über einen imposanten Wasserfall in die Schlucht eines noch größeren Flusses.

Dort, wo beide Flüsse zusammentreffen, haben wir vor Jahren gezeltet, aber Vincent und ich hatten damals noch zwei Tage Zeit in Thorsmörk anzukommen. Wir hingegen müssen schon morgen an der gemieteten Hütte sein. Also gehen wir weiter, damit der morgige Tag nicht zu hart wird, auch wenn wir jetzt schon 20 Kilometer geschafft haben. Das letzte Stück vor Thorsmörk habe ich in schlechter Erinnerung, denn obwohl man eigentlich nur bergab geht, gab es dazwischen so viele kleine An- / Abstiege, dass ich völlig verzweifelt war. Mal sehen, wie ich die Anstiege dieses Mal überstehe.

Die Landschaft, die wir jetzt durchqueren, könnte man als trist, langweilig und öde beschreiben. Die Vegetation ist auch nicht gerade abwechslungsreich. Die Ebene ist eine schwarze Wüste, fast ohne Vegetation, lediglich die Berghänge sind weitgehend grün und mit Moos bewachsen. Wir aber sind von der Landschaft begeistert, sicherlich ist die Landschaft menschenfeindlich, selbst Schafe finden hier nicht genug zu fressen. Die Flanken der höheren Berge sind mitten im Sommer noch immer mit Schneefeldern bedeckt. Wenn wir nach Osten blicken, können wir die Ausläufer des Myrdalsjökull sehen. Flüsse haben sich tief eingegraben und bilden imposante Canyons. Nein diese Landschaft ist nicht trist und öde, sondern atemberaubend schön. Es ist wie eine Reise zurück zur Erdentstehungsgeschichte. Vielleicht ist es gerade diese Lebensfeindlichkeit der Landschaft, die einen Reiz auf uns ausübt und uns beeindruckt. So trotzen wir mit dem Rucksack auf dem Rücken dieser feindlichen Natur.

Die meisten Wanderer auf dem Laugavegur sind deutlich jünger als wir, so haben wir auch nicht den Ehrgeiz mit 20 jährigen Männern mitzuhalten. Doch wenn es sich anbietet, nehmen wir auch mal einen Wettkampf an. Wir nähern uns den Wanderern, die wir schon in der Ferne mit vergleichbarer Geschwindigkeit gesehen haben. Als sie eine Pause machen, kommen wir Ihnen greifbar nahe und sehen, dass es sich um ein junges Pärchen handelt. Der Mann trägt in einer Hand eine Plastiktüte von Bonus, der isländischen Supermarktkette. Das habe ich häufiger erlebt, die Rucksäcke wurden gepackt, ohne an die Verpflegung zu denken, die man sich kurz vor der Wanderung noch schnell im Supermarkt beschafft. Aber mit einer Plastiktüte in der Hand tagelang durch das isländische Hochland zu wandern, ist sicher nicht clever. Dennoch muss der junge Mann schon mehr als 30 Kilometer mit der Tüte in der Hand gelaufen sein, denn einen

Supermarkt gibt es hier im Hochland natürlich nicht. Wahrscheinlich kommt die Tüte aus Reykjavik.

Als das Pärchen uns näherkommen sieht, gehen sie überstürzt wieder los, so als wollten sie sich nicht überholen lassen. Nun nehmen sie also unseren Wettkampf auf. An einem Anstieg bauen sie ihren Vorsprung etwas aus, aber wir bleiben dran. Wenn wir jetzt eine Fotopause machen würden, wären sie weg. Aber das ist nicht der Grund, warum wir so wenige Fotos machen, man verliert den Rhythmus und hat schnell das Gefühl nicht genug Strecke zu schaffen. Daheim werde ich dann bedauern nicht mehr Fotos geschossen zu haben.

Das junge Pärchen hingegen macht mit einer Spiegelreflexkamera Fotos und lässt sich so von uns überholen. Ich habe die Erfahrung gemacht, dass eine große Kamera ungünstig ist, da sie einerseits zu schwer ist, andererseits muss man sie immer im Rucksack tragen. Folglich muss man um ein Foto zu machen den Rucksack absetzen, Fotoapparat heraus, fotografieren und dann die Kamera wieder einpacken. Das kostet viel Zeit, auch wenn man Fotos mit sehr guter Qualität bekommt. Man kann auch das Handy nutzen, womit man Einbußen bei der Qualität hinnehmen muss, wenngleich moderne Handys Fotos mit überraschender Qualität liefern. Für mich ist der optimale Kompromiss eine kleine Digitalkamera, die in die Beintaschen meiner Fjällräven-Hose passt. Damit ist es kein Aufwand, schnell ein Foto zu machen: einfach Hosentasche aufklappen, Kamera raus und schnell ein Foto geschossen. Fjällräven-Hosen sind richtig klasse für solche Touren. Das hat sich anscheinend herumgesprochen, denn keine andere Hose sieht man so oft auf dem Laugavegur.

Als wir das junge Pärchen überholen, erkennen wir, dass es Franzosen sind, die sehr erschöpft wirken. Sie hätten nun in einem Rennen mit uns keine Chance mehr, trotz des großen Altersunterschiedes. Wahrscheinlich sehen wir aber auch nicht mehr so ganz frisch aus. Glücklicherweise ist aber kein größerer Spiegel in der Nähe, der uns das Elend vor Augen führen würde.

Nachdem wir eine schmale Stelle zwischen zwei Hügeln hinter uns gelassen haben, wird die Landschaft wieder weitläufiger. Heute sind wir schon fast 25 km gewandert. Daher ist es jetzt Zeit nach einem Zeltplatz Ausschau zu halten. Ein paar hundert Meter neben der Piste fließt ein Bach und aus der Ferne scheint es so, als würden wir dort einen schönen Platz für unser Zelt finden. Also gehen wir querfeldein zum Bach. Dort setzen wir die Rucksäcke ab und suchen in aller Ruhe einen schönen Platz für unser Zelt. Da sich der Bach etwas eingeschnitten hat, finden wir eine Stelle, die man vom Laugavegur nicht sehen kann, schön eben ist und aus schwarzem Sand besteht, dem Untergrund den Heike liebt. Von unserem Zelt blicken wir über den Bach auf einen aus Schottermaterial bestehenden Berg. Seine Hänge sind weitgehend mit Moos bedeckt. Im Laufe des Abends hören wir zweimal Steine die Hänge hinunterrollen. Wie wir schon im Hochland gesehen haben, bestehen die meisten Berge auf Island nicht aus massiven Felsen, sondern aus lockerem Material und sind daher entsprechend instabil.

Von dem Laugavegur aus kann man unseren Zeltplatz nicht sehen, aber direkt hinter dem Bach verläuft eine Piste, auf der im Laufe des Abends noch ein paar Autos fahren, aber sonst haben wir, wie jeden Abend, wieder die totale Ruhe.

Im trockenen Bachbett liegen einige größere Steine, aber es bleibt bei einem lauen Lüftchen, so dass es nicht notwendig gewesen wäre die Heringe zusätzlich zu sichern. Der Abend verläuft wie üblich, doch sind wir heute sehr zufrieden mit der Strecke, die wir bewältigt haben, denn wir sind sicher dadurch morgen ohne Probleme die Strecke bis Thorsmörk zu schaffen. Unangenehm hingegen ist der Sonnenbrand im Gesicht, denn es ist anders als gestern gehofft nicht nur gereizte Haut durch Wind und Frischluft. Es ist ein ausgewachsener Sonnenbrand, so dass sich die verbrannte Haut in den nächsten Tagen ablösen wird. Wir trinken unseren Tee und anschließend gibt es das obligatorische Fertigprodukt. Nach zwei Sudoku beschäftige ich mich wieder mit den Wahlverwandtschaften.

„Heike, man hat doch den Eindruck, dass die Entwicklung der Elektronik rasend schnell voranschreitet, dass man immer neu lernen muss, mit neuen Computerprogrammen, mit dem Handy umzugehen. Selbst die Sender beim Fernseher einzustellen scheint neuerdings eine Wissenschaft für sich.“

„Ja, die Entwicklung geht wirklich rasend schnell voran, selbst die Autos sind heute schon fahrende Computer“, pflichtet mir Heike bei. „Und dennoch bemängelt schon Goethe, »dass man nichts mehr für sein ganzes Leben lernen kann. Unsere Vorfahren hielten sich an den Unterricht, den sie in ihrer Jugend empfangen; wir aber müssen jetzt alle fünf Jahre umlernen, wenn wir nicht ganz aus der Mode kommen wollen«. Das sind doch ganz moderne Gedanken und dennoch sind sie 200 Jahre alt“, erkläre ich mein Goethe-Zitat.

„Das ist wirklich krass! Man denkt bei Goethes-Zeit doch nicht, dass es so viel Neues gab. Das ist nicht die Zeit, bei der man an ständigen Wandel und schnelle Entwicklung der Technik denkt. Was würde Goethe über unsere Zeit sagen? Autos, Flugzeuge, Computer, Handys, ich glaube er würde durchdrehen,“ antwortet Heike.

Es ist für mich ein schöner Kontrast, im Zelt zu übernachten, auf jeglichen Luxus zu verzichten, nicht einmal genug zu essen zu haben, um die Kalorien wieder aufzufüllen, die man tagsüber verbraucht hat und sich dennoch mit Literatur zu beschäftigen. Dies regt nach Stunden des monotonen Wanderns den Geist an. So kommt wieder einmal die Zeit zu schlafen, ohne dass es draußen dunkel werden würde.

Tag 7: Langer Weg nach Thorsmörk

Nach einer ruhigen Nacht bauen wir unser Zelt ab, packen die Rucksäcke und los geht es. Wir verlassen unseren geschützten Platz und gehen querfeldein über die Fläche, auf der wir gestern vom Laugavegur zum Bach gegangen sind. Mein Vorschlag einfach dem Wasser zu folgen, da der Bach irgendwann den Wanderweg kreuzt, scheint Heike zu unsicher, also machen wir lieber einen kleinen Umweg. Als wir uns dem Laugavegur nähern, sehen wir die ersten Wanderer, sie gehen in unsere Richtung. Schon nach ein paar hundert Metern kommen wir, wie erwartet, an die Furt. Das Wasser ist nicht tief, also kein Problem, nur haben wir so die erste Unterbrechung, noch bevor wir richtig ins Rollen gekommen sind. Nachdem wir den Bach durchquert haben, holen uns die Wanderer ein, es handelt sich um ein französisches Paar um die 40. Der Mann spricht uns auf Englisch an und wir unterhalten uns kurz, während seine Frau scheinbar nicht wieder aus dem Wasser heraus will. Ein ganz untypisches Verhalten. Vermutlich ist sie umgeknickt und hat Schmerzen, die durch das kalte Wasser gelindert werden, bei mir hingegen kommen die Schmerzen erst im Wasser.

Seit wir gestern auf den Laugavegur gestoßen sind, war die Wanderroute relativ eben, es ging nur sehr leicht bergab. Nun gelangen wir an eine große Stufe in der Landschaft und es geht steil abwärts. Die vor uns liegende Landschaft wird noch immer vom Schwarz der Vulkanasche bestimmt, wobei sich der Wanderweg als ein noch dunkleres, schwarzes Band hervorhebt, denn es fehlen die helleren Steine, die sonst überall zwischen dem schwarzen Sand liegen. Aus der schwarzen Landschaft erheben sich einzelne kleinere Berge, die sich durch ihre Moosbedeckung grün abheben. Die Gipfel der höheren Berge mit ihren schneebedeckten Flanken liegen in den Wolken. Es ist typisches Islandwetter, denn man muss jederzeit mit Regen rechnen. Die Wolken wirken etwas erdrückend, doch unter der Wolkenschicht ist die Luft klar und man kann viele Kilometer weit blicken. Nirgends störende Vegetation, die den Blick in die Ferne eingrenzt. Da wir das richtige Hochland verlassen haben und Schneefelder auf unserer Höhe nicht mehr zu finden sind, ist es merklich wärmer. Wir brauchen die Regenjacken nicht mehr die ganze Zeit tragen, drei Schichten Kleidung reichen jetzt aus.

Beim Abstieg stoßen wir auf eine Ansammlung Wanderhütten, an der auch eine Reihe sehr schöner Plätze für einzelne Zelte angelegt sind, auf denen aber zu dieser Urzeit kein Zelt steht, da alle Wanderer schon unterwegs sind. Die Anlage macht einen sehr guten Eindruck und ist in den letzten 8 Jahren deutlich gewachsen und ansprechender geworden. Damals haben wir uns mit der Hüttenwirtin unterhalten, sie war der Meinung, wir müssten unbedingt eine ca. 30 minütige Rundwanderung machen, die uns zu einer imposanten Schlucht führen würde. Da wir sehr gut in der Zeit lagen, haben wir die Anregung aufgegriffen. Der Canyon war sehenswert, aber wir sind total nassgeregnet, weil wir die Regenkleidung an der Hütte im Rucksack gelassen hatten. Als wir wieder an der Hütte ankamen, hörte es auf zu regnen, so als sei es nur darum gegangen uns zu ärgern und zu zeigen, dass man auf Island niemals ohne Regenjacke losgehen darf. Heute sieht der Himmel so wie vor Jahren aus, es kann regnen, muss aber nicht. Bisher hatten wir Glück, aber ob wir auch trocken in Thorsörk ankommen scheint zweifelhaft. Wir halten uns dieses Mal nicht auf, sondern gehen gleich weiter bergab in das Tal eines kleinen Baches. Hier gibt es Pflanzen, die sich bis zu einem halben Meter in die Höhe wagen. Die Vegetation, die wir in den letzten Tagen gesehen haben, war platt: Moos und bescheidenes Gras, hier sind es Pflanzen, die an Bachläufen wachsen, also immer genug Feuchtigkeit und in diesem Tal einen gegen kalten Wind geschützt Platz gefunden haben.

Über den Bach führt eine kleine Brücke, vor der ein Schild mit Hinweisregeln aufgestellt ist. Sie zeigen, wie man sich beim Ausbruch, des in der Nähe gelegenen Myrdalsjökull, zu verhalten hat. Denn mit Ausbrüchen von Vulkanen muss man auf Island immer rechnen. Besonders kritisch sind Ausbrüche unter Gletschern, denn in kürzester Zeit werden gewaltige Mengen Eis geschmolzen und bilden verheerende Flutwellen. Genau auf diese Gefahren wird mit dem Schild hingewiesen.

„Los weiter", sagt Heike, „bevor der Vulkan ausbricht wollen wir noch etwas von Island sehen!"

„Ich glaube nicht, dass wir das Glück haben, einen Vulkanausbruch zu erleben", erwidere ich.

Als wir vor Jahren in Island waren, war der Eyjafjallajökull wenige Monate vorher ausgebrochen und man konnte hier überall die Folgen noch erkennen. Nach dem Ausbruch hatte ich sofort im Internet recherchiert wie lange in der Vergangenheit die Ausbrüche dauerten. Danach hätten wir noch den aktiven Vulkan sehen können, doch in jenem Jahr war die Eruptionsphase viel kürzer als in der Vergangenheit, was schade für uns war, aber gut für den Flugverkehr.

Nachdem wir gestern so viele Kilometer geschafft haben, sollten wir heute problemlos Thorsmörk erreichen können. Nach einer halben Stunde auf relativ gleichbleibendem Niveau kommt die nächste größere Geländestufe. Der Weg ist sandig und unangenehm steil. An solchen Stellen sieht man, warum man im Hochland in der Höhe losgeht und nicht in Thorsmörk auf wenigen Metern über Meeresspiegel. Beim Bergabgehen hat man wieder eine atemberaubende Aussicht.

„Was für einen tollen Blick man auf die Landschaft hat und wie weit man sehen kann", bringe ich meine Begeisterung zum Ausdruck. „Ja, super! In welche Richtung müssen wir gehen? Wo liegt Thorsmörk?" fragt Heike.

Gemeinsam suchen wir in der Landschaft nach dem weiteren

Verlauf des Wanderweges, was dadurch erschwert wird, dass der Weg nach der Schlucht in eine ganz andere Richtung führt.

„Da hinten die dünne Linie, die sich am Rande der Schlucht entlangzieht, das könnte der Weg sein. Es ist jedenfalls die richtige Richtung", erkläre ich. „Dort hinten an dem Berg, da liegen bestimmt die Hütten, wo wir übernachten."

„Da haben wir aber noch ein paar Stunden Wanderung vor uns", entgegnet Heike.

„Wir sind auch noch keine zwei Stunden unterwegs, da müssen es schon ein paar Kilometer sein, die vor uns liegen", sage ich.

Am unteren Rand der Geländestufe hat sich ein Gletscherfluß tief eingegraben. Wieder einer der größeren Flüsse, die man nicht furten kann, daher gibt es eine Brücke, die in ca. 20 Metern Höhe den kleinen Canyon überspannt. Es ist laut auf der Brücke, da unter uns das Wasser mit unbändiger Kraft, gurgelnd und dröhnend durch die Schlucht stürzt. Wir halten auf der Brücke inne und betrachten dieses Naturschauspiel eine Weile, bevor wir dem leicht ansteigenden Weg auf der anderen Seite folgen. Wasser und Island scheinen untrennbar verbunden und immer ist es beeindruckend. Der Weg führt die ersten Meter an einer weitgehend senkrechten Wand entlang, wobei ein Stück durch eine Brücke gebildet wird, so steil ist die Wand, der Rest ist mit einem Drahtseil gesichert.

Die kommenden Kilometer sind wieder mehr oder weniger eben, doch es gibt auch einzelne Anstiege. Mit der Zeit nerven uns die Anstiege und wir haben das Gefühl jetzt soll langsam mal Schluss sein. Unsere heutige Strecke ist ca. drei Kilometer länger als die Strecke, die die Leute zurücklegen müssen, die ganz regulär den Laugavegur von Hütte zu Hütte gehen. Entsprechend muss es schon ein paar Stunden dauern, bis wir Thorsmörk erreichen, doch gerade die letzten Kilometer ziehen sich endlos. Wir glauben wir müssten langsam am Ziel sein, doch dann gibt es einen weiteren steilen Anstieg und auch wieder eine Furt.

In meiner Erinnerung war dieses letzte Stück viel kürzer, nur die Steigungen waren übel. Heikes Laune wird zusehends schlechter und sie reagiert genervt. Dabei sieht man an der Vegetation, wie wir uns Thorsmörk nähern. Zuerst wird aus schwarzer Wüste eine Grasfläche, dann tauchen die ersten kümmerlich Birken auf, die sich mehr waagerecht ausdehnen, als dem Himmel entgegen zu streben, bis es dann in Thorsmörk ein Wald ist.

Ganz schlimm wird es mit Heikes Laune, als wir uns zu fortgeschrittener Zeit einem Fluss nähern, hinter dem sich ein steiler Hang erhebt. Der Fluss ist zwar nicht tief, aber dafür ist er breit. Wir müssen 50 Meter durch kaltes Wasser gehen, bevor auf der anderen Seite ein steiler langer Anstieg in schwarzem Sand wartet. Auf diese Kombination hat Heike jetzt überhaupt keine Lust mehr. Vor dem Furten sehen wir schon mehrere Wanderer sich den Anstieg hochquälen, das ist ein schlechtes Zeichen, nur wenn der Anstieg richtig hart ist, ist die Wahrscheinlichkeit gleich mehrere Wanderer zu sehen groß, da sie alle viel Zeit brauchen, um den Abschnitt zu passieren. Auf den letzten Kilometern stoßen wir vermehrt auf andere Wanderer und können sogar einen überholen. Sie werden heute Morgen an der letzten Hütte gestartet sein und haben somit drei Kilometer weniger in den Beinen als wir. Das ist ein Trost, denn es zeigt, dass unser Tempo nicht ganz schlecht sein kann.

Die Kilometerangaben auf den Schildern kurz vor Thorsmörk sprechen eine andere Sprache. Sie wirken stark irritierend auf uns, denn sie suggerieren, dass wir uns nur noch im Schneckentempo voran quälen. Das entspricht nicht dem Bild, das wir von uns selbst haben, aber nach den Belastungen der letzten Tage leidet etwas die Objektivität. Da muss wirklich ein Fehler vorliegen, die Schilder passen nicht. Es zieht sich endlos, ohne dass wir Thormörk erreichen. Letztlich brauchen wir für eine Strecke, die ich auf etwas über eine Stunde schätze, mehr als zweieinhalb Stunden.

Kurz vor Thorsmörk wandern wir schließlich durch einen richtigen Wald, auch wenn die Bäume nur wenige Meter hoch sind, so ist es doch ein Wald. Da es hier Gras als Nahrung für die Schafe gibt, sehen wir auch einzelne Exemplare, doch nicht so viele wie erwartet und nicht so viele wie die Landschaft hier im Sommer ernähren könnte. Island kann hinsichtlich der Anzahl an Schafen, soweit wir es bisher beurteilen können, bei Weitem nicht dem Klischee der schafreichen Insel entsprechen. Hinsichtlich der Schafe haben die Schotten und Iren deutlich mehr zu bieten. Schließlich haben wir es geschafft. Das letzte leichte Gefälle zu den Hütten von Thorsmörk. An dieses Wegstück kann ich mich noch gut erinnern, denn jetzt haben wir es wirklich geschafft. Lichtmasten am Wegesrand verkünden, dass es nur noch wenige Meter sind, dann treten wir aus dem Birkenwald und stoßen zunächst auf einige große Zelte, die ich aus dem Internet als eine der Möglichkeiten kenne, hier zu übernachten. Daneben kann man ganz normal zelten, eine Hütte mieten, so wie wir oder auch ein Zimmer nehmen.

Wir gehen ins Haupthaus der Anlage um uns anzumelden, den Hüttenschlüssel abzuholen und uns bezüglich des Abendessens zu orientieren. Unsere Hütte ist fast 100 Meter vom Haupthaus entfernt, die Ausstattung ist sehr einfach und für vier Personen ausgelegt. Die Etagenbetten sind in L-Form aufgestellt, ein kleiner Tisch steht im vorderen Bereich. Die Betten wirken lange genutzt, die Matratzen sind nicht bezogen und es liegen nur kleine Kopfkissen darauf.

„Das ist ganz schön kalt hier drinnen", meint Heike nach dem Betreten der Hütte.

„Ich versuche mal, ob sich die Heizung höher stellen lässt", antworte ich.

„Wo willst du schlafen?" fragt Heike beim Blick auf die Betten.

„Wirkt alles nicht so richtig einladend, ich nehme das Bett rechts", sage ich.

„Gut, dann mache ich mich dahinten breit", sagt Heike während sie das Bett in Beschlag nimmt.

Ich lasse das Wasser etwas laufen, bevor ich mit einem einfachen Wasserkocher das Wäschewaschen vorbereite. Heike spannt in der Zwischenzeit kreuz und quer eine Leine durch die Hütte. Nachdem jeder an eigener Wäsche gewaschen hat, was notwendig scheint, ist die Hütte voller nasser Wäsche, so dass man nicht mehr ohne sich zu bücken durch die Hütte kommt. Noch schnell die Wäsche auf den Leinen schön drapieren, dann machen wir uns auf zum Abendessen. Es bedurfte keiner Diskussion, was wir zuerst machen duschen oder essen? Natürlich essen! Der Hunger muss erst gestillt werden, auf dieses Essen haben wir uns schon die letzten Tage gefreut. Die Sauberkeit, mal in aller Ruhe unter einer warmen Dusche stehen zu können, muss warten, kann ruhig warten. So machen wir uns hungrig wie die Wölfe auf den Weg zum Haupthaus.

Nach fünf Abenden mit Fertignahrung gönnen wir uns das Abendbüfett im Haupthaus. Wir hatten uns beim Einchecken schon für das Essen angemeldet, denn wir sind nach sechs Tagen Wanderung total ausgehungert. So ist es nicht verwunderlich, dass wir die ersten am Büfett sind. Heike möchte auch gleich einen Wein zum Essen bestellen, was ich nach den Tagen mit Wasser aus Bächen und dünnem Tee übertrieben finde. Bei der Wanderung hatten wir auch keinen Wein. Muss es bei den Preisen wirklich Wein sein? Doch selbst hier gibt es Happy-Hour-Preise, die wie überall auf Island noch immer total überteuert sind.

Wir beginnen mit der Lammsuppe, die besteht aus großen Stücken ungeschälten Kartoffeln, Möhren und Lammfleisch mit reichlich Fettaugen, die oben auf der Suppe schwimmen. Das Aussehen würde uns daheim abschrecken, aber hier schmeckt sie super. Schon die ungeschälten Kartoffelecken sehen gewöhnungsbedürftig aus und erst recht das fette Fleisch. Aber der Körper will das Fett, er musste in den vergangenen Tagen Raubbau betreiben, da verlangt er jetzt nach Fett zum Auffüllen der Reserven. Wir sind so begeistert von der Suppe, dass wir gleich noch einen zweiten Teller nehmen, auch wenn die Auswahl beim Hauptgericht appetitlicher aussieht. Die Suppe passt einfach ideal zu unserer Wanderung und zu der herben Landschaft.

Wenn wir es uns schon gut gehen lassen, dann möchte Heike auch einen Rotwein, egal was der hier kostet. Also gehe ich los und hole einen Wein, der wird aus einem ca. zweieinhalb Liter Tetrapack abgefüllt. Was den Wein besonders wertvoll macht, ist die gehäkelte Hülle. Soll der Wein mit der Verpackung etwas netter aussehen oder soll das Häkelgarn für die richtige Temperierung sorgen? Vielleicht kann der Rotwein sonst zu kalt werden. Ich nehme lieber ein frisch gezapftes Bier, da ich meine viel Flüssigkeit zu brauchen.

Nach zwei Tellern Suppe widmen wir uns dem Hauptgericht. Ich wähle Fisch mit Kartoffeln und Broccoli, Lamm hatte ich ja gerade in der Suppe. Egal wo auf Island, Lamm und Fisch findet man überall auf den Speisekarten. Ich hatte erwartet bei unserer Wanderung viel mehr Schafe zu sehen, denn irgendwo müssen die vielen Lämmer ja herkommen, die auf allen Speisekarten landen. Wir haben bisher nur sehr wenige Schafe gesehen, direkt im Hochland nicht eines, erst seit wir auf dem Laugavegur sind, haben einzelne Exemplare unseren Weg gekreuzt.

Das Büffet hat nur wenige Esser, die Hälfte davon gehört zur Crew der Anlage, ein Busfahrer ist noch dabei. Wir haben den Eindruck, dass viele Jobs in der Tourismusbranche von jungen Ausländern erledigt werden. Die junge Frau, die das Büfett nachfüllt sieht nach Osteuropa aus. Eine andere junge Frau von der Crew ist wohl Isländerin, sie trägt ein leichtes Kleid, das nach Form und Farbe an einen Kartoffelsack erinnert und sie zeigt nackte Beine dazu. Bei der Aufmachung müssen ihr Äußerlichkeiten und Temperaturen völlig egal sein, also auf keinem Fall eine Frau aus Osteuropa. Manchmal sind Äußerlichkeiten auch positiv, der Kartoffelsack ist es nicht.

Am Nachbartisch sitzt eine Gruppe Mountainbikefahrer, die essen nichts, sondern trinken nur ein paar Biere. Isländer müssen viel mehr Wärme haben als wir. Draußen herrscht Nieselregen bei weniger als zehn Grad und dennoch tragen zwei der jungen Männer kurze Hosen. Wenn ich mit dem Fahrrad bei solch einem Wetter hier ankommen würde, dann könnte man mich mit einem Bier jagen, dann bräuchte ich einen Glühwein. Auch die jungen Frauen in der Gruppe tragen keine dicken Jacken, für sie ist ja jetzt Hochsommer, da braucht man keine Winterjacke. „Willst du noch das Lamm probieren?" fragt mich Heike, „das ist lecker!"

„Ich weiß nicht, der Fisch war gut, vielleicht sollte ich noch ein Stück nehmen."

„ Ich werde mir noch einen Teller Suppe holen, die ist einfach klasse", sagt Heike.

„Das ist dann schon dein dritter Teller. Aber du hast Recht, die Suppe ist super, auch wenn sie nicht so lecker aussieht wie sie ist. Ich nehme auch noch meinen dritten Teller", stimme ich Heikes Wahl zu.

Während wir beim Essen sind wird ein Beamer angestellt, denn es ist noch immer Weltmeisterschaft und Russland spielt gegen Kroatien. Die große Begeisterung wird aber sicher nicht aufkommen, Island und Deutschland sind ausgeschieden und die USA spielen keine Rolle. Sind die überhaupt dabei? Die US-Amerikaner stellen jedenfalls die größte Touristengruppe auf Island.

Von den Zuschauern hat etwa die Hälfte sich das teure Büfett gegönnt, die anderen werden in ihrem Zelt gegessen haben oder haben die Möglichkeit genutzt in der Gemeinschaftsküche zu kochen und dort an den Tischen zu essen. Jetzt sind die Leute in den zentralen Raum des Camps gekommen, gönnen sich ein Getränk und schauen dem Fußball-spiel zu. Mich begeistert Fußball nicht sonderlich, aber eine Ablenkung nach den Tagen im Zelt ist schon gut.

Um die Stimmung nach der fantastischen Suppe noch weiter zu verbessern gönnen wir uns beide zur zweiten Halbzeit ein weiteres Gläschen Rotwein aus dem umhäkelten Tetrapack. Es ist nach den Tagen im Zelt einfach schön an einem Tisch zu sitzen, mit Messer und Gabel zu essen und ein richtiges Glas mit Rotwein in der Hand zu halten. Heute wissen wir diesen Luxus zu schätzen. Es geht uns so richtig gut. Daheim ist das alles so selbstverständlich, dass man es nicht genug schätzen kann, bei einem Glas Rotwein aus dem Tetrapack würde ich daheim vermutlich nein danke sagen.

Wie immer gehe ich zuerst duschen, Heike bleibt noch sitzen und frönt ihrer Fußball-Leidenschaft. Aber nicht nur wegen des Fußballspiels gehen wir nacheinander duschen, sondern auch wegen des fehlenden Croc muss sie warten, bis ich fertig bin, um dann mit meinen Crocs zur Dusche zu gehen. Zuvor erkundige ich mich noch an der Rezeption nach den Wetteraussichten. Der junge Mann ist sehr hilfreich und schaut auf zwei verschiedenen Internetseiten nach. Ich erzähle ihm, dass wir für den übernächsten Tag die Wanderung über den Berg nach Skogar planen. Das Wetter soll sich verschlechtern, so dass wir oben auf dem Berg mit viel Wind und Regen rechnen müssen.

Die Duschen befinden sich in einem separaten Gebäude, das nicht geheizt ist, aber es ist ja auch Hochsommer. Die Kabinen sind geräumig mit altem Duschvorhang, der die Kabine teilt. Es lässt sich nicht vermeiden, dass man über die Schuhe Dreck in den vorderen Bereich hineinschleppt, was bei nassem Boden doch etwas unappetitlich aussieht. Das Wasser ist warm und in ausreichender Menge vorhanden, nur nach dem Duschen wird es schnell unangenehm kalt, also ziehe ich mich zügig an und laufe zurück in die geheizte Hütte. Nach dem Duschen bin ich schon eine Weile in der Hütte, bis Heike aus dem Haupthaus kommt. Sie ist etwas weinselig und freut sich über den Sieg der Kroaten, ihres Favoriten, aber auch nach den Tagen in der Abgeschiedenheit ein gutes Fußballspiel sehen zu können hebt ihre Stimmung. So geht sie beschwingt zur Dusche. Bei ihrer Rückkehr ist auch Heike nur mäßig von der Dusche begeistert, aber dessen ungeachtet ist es ein gutes Gefühl wieder sauber zu sein, nicht mehr mit fettigen Haaren herumlaufen zu müssen. Wir planen noch den kommenden Tag, wobei es nicht viel zu planen gibt, wichtigster Punkt ist das ausgedehnte Frühstück, über die fünf bis sechs Kilometer zum nächsten Zeltplatz müssen wir uns keine Gedanken machen.

Mit einem wohligen Bauchgefühl von der Lammsuppe und einem frischen Hautgefühl geht dann auch dieser Tag zu Ende und wir wünschen uns eine gute Nacht. Es wird eine ruhige und erholsame Nacht, kein Sturm, der uns aus dem Schlaf reißt, keine Zeltstange, die mir auf das Gesicht drückt und kein Anflug von Hunger wie die letzten Abende.

Tag 8: Ruhiger Tag in Thorsmörk

Für den heutigen Tag ist keine weite Wanderung vorgesehen, es ist der Erholungstag vor der harten letzten Etappe. Wir gönnen uns das Frühstücksbüfett ausgiebig und in aller Ruhe, um die Reserven weiter aufzufüllen. So trinken wir eine weitere Tasse Kaffee, auch wenn es schon die Fünfte ist und eine kleine Portion Müsli mit leckerem Joghurt passt auch noch hinein. Heute Abend wird es wieder nur die Fertignahrung geben, da bleiben wir gerne noch etwas sitzen und genießen die Auswahl und die mehr als ausreichende Menge.

In dem Raum hängt eine überdimensionale Islandkarte. Heike meint es sei ein schöner Hintergrund für ein Bild von mir, doch zwei Amerikaner wollen das Motiv nicht freigeben und wir müssen etwas warten, bevor Heike zwei schöne Fotos machen kann. Die beiden Amerikaner werden wir an den nächsten beiden Stationen unserer Wanderung wiedersehen. Bisher hatten wir nicht den Eindruck Wanderer mehrfach zu sehen.

Nach dem Frühstück ist es Zeit unsere Sachen zu packen. Die gestern gereinigte Wäsche ist weitgehend trocken, es gibt somit wieder saubere Wandersocken und Unterwäsche. Nachdem die Rucksäcke gepackt sind, müssen wir noch die Hütte reinigen. Eine bescheidene Hütte für mehr als 200 €muss besenrein übergeben werden. Auch wenn Island seine besonderen Preise hat, ist das doch unangemessen und die Hütten wirken deshalb weitgehend ungenutzt. Auch andere Touristen scheinen den Preis stark übertrieben zu empfinden. Mir war es aber wichtig hier Wäsche zu waschen und trocknen zu können, bevor wir zu den letzten beiden Zeltübernachtungen aufbrechen.

Vor uns liegen heute lediglich sechs Kilometer, um zu einem anderen Campingplatz zu gelangen, dem idealen Ausgangspunkt für die letzte Wanderung. Zunächst führt uns der Weg leicht ansteigend durch einen Birkenwald, bis wir zu einer Höhle gelangen, vor der eine asiatische Reisegruppe ihrer Reiseleiterin lauscht. Der Eingang der Höhle liegt in etwa vier Metern Höhe an einer quasi senkrechten Wand. Also kein Zugang für jedermann. So versucht auch niemand aus der Gruppe den Eingang zu erreichen.

Wir halten uns angesichts der Menschenmassen nicht auf, sondern wandern ein Stück weiter bis zur Kuppe. Dort steht eine Infotafel, an der wir kurz anhalten. Von hier hat man auch einen prima Blick zurück in das birkenbewachsene Tal, aus dem wir gerade kommen. Der Weg führt uns nun bergab zu einer Hütte mit Campingmöglichkeit am Ufer der Krossa, einem Gletscherfluss, der von den geländegängigen Linienbussen gequert wird. Mit den üblichen Geländewagen sollte man ihn aber nicht durchqueren, weil es zu gefährlich ist. Wir blicken auf ein fast 500 Meter breites Flussbett, doch vom Wasser ist nichts zu sehen. Vor Jahren befand sich nicht weit von unserem jetzigen Standpunkt eine Fußgängerbrücke über den Fluss. Der Weg in diesem Jahr ist gut sichtbar das Flusstal aufwärts mit Pflöcken gekennzeichnet und führt in Schlangenlinien durch eine Steinwüste.

Auf der anderen Flussseite erhebt sich der Eyjafjallajökull. Ein paar seiner Gletscherzungen sind zu sehen, doch der Gipfel bleibt in Wolken verborgen. Die Krossa hat sich tief eingegraben, die steilen Hänge sind Moosbewachsen. Einzelne Überhänge, Vertiefungen in den Wänden zeugen davon, dass Vulkanasche und Steine unter massiven Gesteinsschichten weggespült wurden. Im Vergleich zum sonstigen Island ist Thorsmörk eine grüne Oase. Auch die Aufforstungen, der letzten Jahren, die man an sehr vielen Stellen in Island sieht, führen in Thorsmörk zu richtig anschaulichen Bäumen und nicht nur zu verkrüppelten Birken. Die Landschaft hat etwas mystisches, Szenen aus dem Herr der Ringe hätte man auch hier drehen können.

Wir folgen dem gekennzeichneten Trampelpfad durch das

trockene Flussbett. Als uns ein Wanderer begegnet frage ich ihn, ob wir furten müssen, doch er beruhigt uns und sagt, es ist eine Brücke vorhanden. Da die Krossa so viel Wasser führt, auch wenn wir noch nichts davon gesehen haben, war mir der Gedanke furten zu müssen etwas unangenehm. Wir gehen flussaufwärts über Steine und Sand, die alle davon zeugen, dass hier vor nicht langer Zeit Wasser geflossen ist. Schließlich gelangen wir ans Wasser, das von einer mobilen Fußgängerbrücke überspannt wird. An beiden Enden der ca. 30 Meter langen Brücke sind große Räder befestigt. Wahrscheinlich sucht sich der Fluss in jedem Jahr ein neues Bett, wodurch eine mobile Brücke die einzige sinnvolle Lösung ist.

Gleich hinter der Brücke befindet sich die Hütte mit Campingplatz. Das erste Zelt was wir sehen gehört den beiden Amerikanern, die noch vor drei Stunden uns beim Fotografieren behindert haben. Wir melden uns an der Rezeption an und man empfiehlt uns etwas in einem Tal aufwärts zu gehen. Wir folgen dem Rat und finden einen sehr schönen Platz unter Birken und ohne andere Zelte in unserer unmittelbaren Nähe. Wir können von unserem Stellplatz nicht einmal ein anderes Zelt sehen. Wir nutzen die Birken, um unser Zelt beim Abspannen halbwegs gerade zu ziehen. Die Sanitäreinrichtungen sind in Ordnung, sehr luftig gebaut und dadurch kalt, unangenehm kalt laden dadurch nicht zum Verharren ein. In einem der anderen Häuser gibt es ein Matratzenlager und einen großen Aufenthaltsraum, in dem man auch kochen kann. Um nicht unbequem im Zelt essen zu müssen, gehen wir dort hin. An Tischen mit langen Bänken sitzen einige Leute und essen oder bereiten das Essen vor. Da kein Tisch frei ist, setzen wir uns an einen Tisch zu einer älteren Frau, die sich Tortellini zubereitet.

In dem Raum steht ein sehr großer Topf mit kochendem Wasser auf einer Gasflamme. Das heiße Wasser ist zur allgemeinen Benutzung, für Tee oder auch für Fertignahrung. Wenn man heißes Wasser entnimmt, sollte man dann kaltes wieder nachfüllen, so ist immer ein großer Vorrat an heißem Wasser verfügbar.

Am Nachbartisch bereitet eine französische Großfamilie ihr Essen vor. Zwei Männer stehen draußen und kämpfen mit dem Grill, während die Frauen drinnen Salat zubereiten und Kartoffeln kochen. Die Männer haben Probleme mit dem Grill, denn es dauert mehr als zwei Stunden bis das Fleisch auf den Tisch kommt. Franzosen legen selbst hier in der Wildnis viel Wert auf gutes Essen, bei uns geht es mehr darum die notwendigen Kalorien zuzuführen.

Nach dem Essen bleiben wir noch eine Weile bei Tee und Wanderkarte sitzen. Die Frau an unserem Tisch spricht uns schließlich an, sie wohnt in Hamburg und stammt aus Göttingen. Sie war mit der Familie ihres Sohnes unterwegs und hängt alleine noch ein paar Tage an. Hier übernachtet sie in dem Matratzenlager. Wir erzählen eine Weile und tauschen Urlaubserlebnisse aus, wobei sie natürlich von unserer Wanderung tief beeindruckt ist.

Im Gespräch kommen wir wieder auf die Wettervorhersage. Es soll Morgen oben auf dem Berg stürmisch werden und ab Mittag auch nass. Ein paar Stellen beim Aufstieg sind etwas anspruchsvoll, da möchte man mit dem großen Rucksack auf dem Rücken keinen Sturm haben. Wir beschließen auf dem Weg zum Zelt noch einmal an der Rezeption vorbei zu gehen, da dort eine Wettervorhersage aushängt. Doch die hat keine Neuigkeiten zu vermelden, die Wettermeldung haben wir schon am Nachmittag gelesen.

Morgen erwartet uns eine wirklich harte Wanderung mit 1000 Höhenmetern und ca. 25 Kilometern Länge, was bei Sturm und Regen nicht so richtig Spaß macht. Wir könnten auch von Thorsmörk mit dem Bus zurück nach Reykjavik fahren, doch diese letzte Etappe von Thorsmörk nach Skogar ist quasi die Königsetappe und unser Ehrgeiz lässt es nicht zu, sie auszulassen. Außerdem führt uns der Weg direkt am Eyjafjallajökull vorbei, dem berühmten Vulkan, der 2010 den Flugverkehr in Europa teilweise zum Erliegen gebracht hat. Auch haben wir die Busfahrt schon bezahlt und würden diese nur ungern verfallen lassen. Also wollen wir, wenn es irgendwie möglich ist, morgen den Pass zwischen dem Eyjafjallajökull und dem Myrdalsjökull überqueren. Auch landschaftlich ist die Etappe ein Höhepunkt, da man über Lavafelder aus dem Jahr 2010 geht und der Blick auf Thorsmörk atemberaubend ist.

So geht ein netter Abend mit viel Erzählen und einer neuen Bekanntschaft zu Ende und wir kehren zu unserem Stellplatz zurück. Am Zelt angekommen kriechen wir in unsere Schlafsäcke und lesen noch eine Weile.

„Goethes Büchlein ist faszinierend modern", versuche ich Heikes Aufmerksamkeit zu erlangen. „Er hat sich nicht nur mit Chemikern beschäftigt, sondern auch mit Scheidungen. Von beiden dachte ich, dass es so etwas vor 200 Jahren quasi nicht gab."

„Nun lies schon vor, sonst gibst du ja doch keine Ruhe mehr", antwortet Heike.

„¿Kommt das traurige Wort, rief Charlotte, das man leider in der Welt jetzt so oft hört, auch in der Naturlehre vor? Allerdings, erwiderte Eduard. Es war sogar ein bezeichnender Ehrentitel der Chemiker, daß man sie Scheidekünstler nannte¡" lese ich aus Wahlverwandschaften vor. „Goethe hat nicht nur den Faust geschrieben, sondern auch als Naturwissenschaftler gearbeitet. Ich glaube er hat etwas zur Farbenlehre geschrieben."

„Dann bist du also ein Scheidekünstler!" sagt Heike, „ich finde es besonders überraschend, dass Scheidung vor mehr als 200 Jahren schon ein Thema war. Das arme Volk hat sich darüber bestimmt keine Gedanken gemacht, Scheidungen müssen ein Privileg der Oberschicht des Adels gewesen sein".

„An einer anderen Stelle nennt er Heiraten tölpelhaft, da es die zartesten Verhältnisse verderben würde", erzähle ich.

Thorsmörk liegt hinter uns, die erste Stufe ist geschafft

Grat vor der letzten Stufe Richtung Skogar

Durch Sturm und Nieselregen eine wirklich harte Etappe

Das Ziel erreicht, wir sind in Skogar, aber nicht mehr allein

Tag 9: Die Königsetappe

Augen auf und aus den warmen Schlafsäcken krabbeln. Wie immer ist es nicht kuschelig warm im Zelt, deshalb ziehen wir uns schnell etwas über. Die Luft ist feucht und beim Öffnen des Reißverschlusses am Zelteingang perlt Tau die Zeltwand hinunter. Die morgendliche Routine läuft fast automatisch ab, Frühstück Morgentoilette und Schlafsachen zusammenpacken.

Heute Morgen heißt es aufs Tempo drücken, zum einen warten 25 Kilometer und 1000 Höhenmeter auf uns, zum anderen soll das Wetter mittags schlecht werden. Mit der Erfahrung der letzten Tage fällt es uns leicht schnell zu sein. Beim Zeltabbau und Zusammenpacken sind wir ein perfekt eingespieltes Team. So kommen wir früh los, während andere noch beim Frühstück sind. Das Wetter wirkt besser als erwartet, zwischen den Wolken schaut gelegentlich sogar die Sonne hindurch und taucht die Landschaft in magisches Licht.

Es ist günstig, dass diese Etappe am Ende unserer Wanderung liegt, denn das Gewicht unseres Gepäcks hat stark abgenommen. Die letzten beiden Tage hatten wir auch die Möglichkeit unseren Müll loszuwerden, die Zippbeutel vom Frühstück, Alutüten von den Fertiggerichten und die ausgelutschten Teebeutel. Man merkt es beim Packen wieviel Platz jetzt im Rucksack ungenutzt bleibt, aber noch auffälliger ist die Gewichtsabnahme. Der Rucksack ist jetzt richtig schön leicht, so wie wir, die wir in den letzten Tagen auch ordentlich Gewicht gelassen haben. Zusammen können es bis zu fünf Kilogramm sein, die wir jetzt weniger tragen müssen, als zu Beginn unserer Wanderung. So starten wir gut gelaunt in den Tag und verlassen den Campingplatz Richtung Skogar.

Zunächst müssen wir ein paar hundert Meter im Tal gehen, dann kommt der Anstieg, die erste Stufe. Zunächst steigen wir in einem Birkenwald aufwärts. Der schmale Weg ist unangenehm steil und kostet schon auf den ersten Metern richtig Kraft, doch der ruhige Tag gestern hat viel gebracht, wir fühlen uns deutlich erholt. Es ist aber nicht schlimm, wenn wir beim Anstieg eine Pause machen müssen, denn die Landschaft ist fantastisch. Wasser hat sich tief in den vulkanischen Boden eingeschnitten und imposante Schluchten geformt. Bei den Verschnaufpausen haben wir die nötige Muße uns die Landschaft in aller Ruhe anzusehen und zu würdigen. Beim Gehen verlangt der unebene, steinige Weg unsere volle Aufmerksamkeit, denn ein unglücklicher Sturz hätte einen tiefen Fall zur Folge. Wenn man immer den Abgrund direkt neben dem Weg im Auge hat, geht man sehr konzentriert.

Am Ende des ersten Anstiegs kommen wir zu einem schmalen Grat. Auf beiden Seiten geht es mindestens 100 Meter in die Tiefe und wir sind an exponierter Lage unangenehm dem Wind ausgesetzt. Die Stöcke geben mir Sicherheit, so sehe ich kein Problem, doch Heike scheint diese Stelle nicht zu liegen.

„Ich glaube, ich bin zu leicht geworden", sagt Heike als sie mich nach dem Grat erreicht. „Ich hatte das Gefühl, die nächste Böe könnte mich vom Grat fegen. Es geht rechts und links erschreckend steil runter. Bei dem Blick in die Tiefe kann man schon ein flaues Gefühl im Magen bekommen."

Du musst dich nur auf die Meter vor dir konzentrieren und nicht nach rechts oder links schauen", antworte ich.

„Das ist gar nicht so einfach, so schmal wie der Grat ist und wenn dann auch noch eine Böe an meinem Rucksack zerrt als wolle sie mich in die Tiefe reißen, dann ist das nichts für mich. Ich hoffe es kommt nicht noch solch eine Stelle", sagt Heike.

Nach dem Grat kommt noch eine kleine Kletterpassage, bei der man die Hände zur Hilfe nehmen muss. Es ist kein wirkliches Klettern, doch der Abgrund direkt neben dem Weg verunsichert und ich nutze Hände und Stock mehr als das eigentlich erforderlich wäre. Dann ist es geschafft und wir gehen auf den nächsten Metern sanft ansteigend über Wiesen im Sonnenschein. Hier haben wir das Gefühl, es ist genau das richtige Wetter für diese Tour, ca. 10 Grad und wolkiger Himmel, der an zahlreichen Stellen der Sonne erlaubt die Landschaft zu erleuchten.

Vor dem nächsten harten Anstieg macht eine Gruppe junger Leute, die von Skogar kommen, Pause. Wahrscheinlich haben Sie in einer der Hütten übernachtet, die es möglich machen die Strecke in zwei Abschnitten zu gehen. Als wir näher kommen starten sie eine Drohne. Ich hasse es, wenn jemand in der Stille und Abgeschiedenheit der Natur diese Harmonie mit dem Surren einer Drohne zerstört. Diese Drohne soll spektakuläre Filmaufnahmen von Leuten aus der Gruppe in beeindruckender Natur machen. Einer aus der Gruppe läuft zügig abwärts über ein Schneefeld, während er von schräg oben, mit Thorsmörk als Hintergrund, gefilmt wird. Es mögen spektakuläre Bilder sein, für mich geht das aber zu weit.

Heike schimpft wie ein Rohrspatz: „Natürlich wieder deutsche Deppen, die nichts Besseres zu tun haben, als diese besondere Atmosphäre mit Drohnenlärm zu zerstören. Wozu gehen solche Leute überhaupt in die Natur?"

„Lass uns weitergehen", antworte ich.

Ich wollte vor dieser Stufe eigentlich eine kurze Pause machen, das Wetter wäre mit Sonnenschein und wenig Wind gut geeignet dafür, doch wir haben keine Lust auf den Trubel und gehen direkt weiter. Es ist der zweite harte Anstieg, bei dem sowohl der Anfang als auch das Ende brutal steil sind. So müssen wir mehrfach zwischendurch verschnaufen, aber das ist nicht schlimm, denn wir schauen beim Blick zurück auf eine fantastische Landschaft. Je höher wir kommen, desto beeindruckender wird der Rundblick. Leider sehen wir vom Eyjafjallajökull nur wenige Eisfelder, die jetzt weniger als zwei Kilometer von uns entfernt sind, der Gipfel hingegen ist in Grau gehüllt. Der Weg vor uns liegt ebenfalls in dunklen Wolken, Thormörk hingegen erstrahlt noch einmal zum Abschied im Sonnenschein. Die grünen Hänge erscheinen wie in mystisches Licht getaucht. Es sind zwar nur Wolkenlücken, die die Sonnenstrahlen durchlassen, doch dadurch wirken die beleuchteten Hänge und Täler nur umso intensiver.

Bei der letzten steilen Passage merke ich Heike die Anstrengung deutlich an. Hier ist das Gewicht des Rucksacks sehr unangenehm, auch wenn er glücklicherweise deutlich leichter als vor Tagen ist. Schließlich haben wir es geschafft und gelangen auf ein weitläufiges Plateau, das wir überqueren müssen, um zur nächsten Geländestufe zu gelangen. Es ist beeindruckend eben, im Vergleich zu den sonst tief eingeschnittenen Schluchten, die uns umgeben. Auf dem Plateau scheint ein ganz anderes Wetter zu herrschen. Der Wind ist plötzlich sehr frisch und über uns grauer Wolkenbrei. Während wir beim Anstieg noch ordentlich ins Schwitzen gekommen sind, müssen wir jetzt unsere Regenjacken überziehen, um nicht auszukühlen.

Der Weg über das Plateau ist deutlich ausgetreten. Wieder kommen uns Wanderer entgegen und fragen nach der Entfernung. Sie haben in einer der Hütte übernachtet und müssen heute noch einen Bus erreichen. Solch einen Stress wollte ich uns ersparen, wir nehmen erst morgen den Bus, können heute also beliebig lange wandern. Das Zelt können wir auch aufstellen, wenn die Rezeption des Campingplatzes in Skogar geschlossen sein sollte, aber wir brauchen etwas zu Essen. Als Abendessen werden Müsliriegel nicht ausreichen, aber mehr Vorräte haben wir nicht mehr. Als wir das Plateau fast überquert haben, sehen wir eine einzelne Person, die eine Pause macht. Beim Näherkommen erkennen wir die ältere Frau, mit der wir uns gestern Abend eine Weile unterhalten haben. Sie wollte nur bis hierher wandern und war aufgrund der Wettervorhersage schon früh aufgebrochen. Wenige Tage später, als wir schon mit dem Mietwagen die Insel umrunden, treffen wir sie ein drittes Mal. Island ist scheinbar eine kleine Insel.

Wir suchen einen geschützten Platz, um vor dem nächsten harten Anstieg eine längere Pause mit Tee und Müsliriegel zu machen und etwas Kraft zu tanken. An dieser Stelle konnte man vor acht Jahren sehr gut einen frisch erstarrten Lavastrom sehen, der wenige hundert Meter von unserem Rastplatz von der Höhe in ein tiefes Tal gestürzt ist. Jetzt ist nichts mehr davon zu erkennen. Sowohl die Fläche in der Höhe, als auch in der Schlucht, ist mit Schnee bedeckt.

Uns kommt eine weitere Gruppe entgegen, es sind Jugendliche, die auf ihren Rucksäcken ein Schneefeld herunterrutschen. Man hört aus der Entfernung, dass es ihnen viel Freude bereitet. Sie nehmen Anschwung, springen auf ihre Rucksäcke, rutschen schnell oder fallen herunter, es sieht nach großem Spaß aus. Da direkt vor uns ein Grat liegt, warten wir so lange, bis sie bei uns angekommen sind. Die Jugendlichen sind in Begleitung einer ca. 30ig jährigen Frau, die die Gruppe zu leiten scheint. Sie spricht uns an und fragt, ob wir die Wettervorhersage kennen würden? Wir sollten auf keinen Fall bis Skogar gehen, sondern nur bis zur nächsten Hütte, um dort zu übernachten. Es sei gefährlich sich bei dem Sturm hier oben zu bewegen. Also Tempo! Los, auf zur letzten großen Stufe.

Zunächst über den Grat, der aber schön breit ist und selbst bei Wind keine Herausforderung darstellt. Auch die anschließende Passage mit Drahtseilsicherung bereitet uns keine Probleme, aber jetzt kommt ein sehr steiler Anstieg, der teilweise schneefrei ist, aber meistens müssen wir uns im nassen Schnee einen Weg suchen. Möglichst nutzen wir die Tritte unserer Vorgänger, was mehr oder weniger gut gelingt. Der Berg ist hier so steil, dass ich Angst habe auf den Schneefeldern den Halt zu verlieren und dann ins Tal zu rutschen.

Sicherlich haben wir in diesem Urlaub schon steilere Schneefelder überwunden, aber der Wind zerrt mit Kraft an unseren Rucksäcken. Damit es noch unangenehmer wird, treibt jetzt der Wind Nieselregen waagerecht über den Berg.

Das Schneefeld ist hier steiler als eine Treppe und wir rutschen ständig zurück. Unter diesen Bedingungen kostet es extrem viel Kraft voranzukommen. Wir steigen auf in die Wolkenschicht und können nicht einmal die nächsten 100 Meter der Strecke erkennen. Die Schneefelder sind gelegentlich durch schneefreie Flächen unterbrochen, aber auch auf denen lässt es sich schlecht gehen, es ist einfach zu steil und will nicht enden.

Heike bleibt etwas zurück, kämpft sich aber tapfer weiter bergan. Als es flacher wird, halte ich nach einem geschützten Platz Ausschau, um nicht während ich warte im Sturm zu stehen. Ich finde einen Felsen, der mir etwas Schutz bietet. Leider hat jemand den Schutz genutzt, um seine Notdurft zu verrichten. Dadurch fühle ich mich in diesem Windschutz nicht wohl und mag mich nicht direkt neben den Haufen setzen. „Jetzt haben wir es geschafft!" begrüße ich Heike, als sie bei mir ankommt.

„Du hast Recht, ich bin geschafft", antwortet Heike.

„Ist es so schlimm? Wenn du nicht mehr kannst, können wir auch umdrehen und nach Thörsmörk zurückgehen. Dann können wir heute Abend schön Lammsuppe essen und morgen den Bus nach Reykjavik nehmen.

„Nee!" Platzt es aus Heike heraus. „Jetzt, wo wir fast oben sind und das Schwerste hinter uns haben, drehe ich nicht mehr um. Den Rest schaffe ich jetzt auch noch."

„Wir haben sicherlich erst ein Viertel der Strecke geschafft, aber das war der anstrengende Teil. Jetzt wird es besser, nur das Sauwetter bleibt uns wohl bis Skogar erhalten", antworte ich.

Unser Weg führt uns jetzt über Lavafelder, die beim Ausbruch des Eyjafjallajökull entstanden sind. Vor acht Jahren war hier der Boden an vielen Stellen noch warm und rauchte. Jetzt sieht man durch den vielen Schnee kaum etwas von den Lavafeldern, lediglich einem 30 Meter hohen Vulkan sieht man an, dass erst vor wenigen Jahren sich ein Lavastrom seinen Weg aus ihm heraus gebahnt hat.

Es ist ein nasser, schwerer, kräfteraubender Schnee durch den wir gehen. Um nicht so tief einzusinken nutzen wir die vorhandenen Vertiefungen unserer Vorgänger, doch ständig rutschen wir weg, der Abdruck bei kraftvollen Schritten geht oft ins Leere. Wir sind zwar jetzt oben auf dem Berg, auf einem Sattel zwischen Myrdalsjökull und Eyjafjallajökull, aber es geht nicht wie erhofft abwärts. Ständig kommen neue Hügel, kommen neue Mulden, in die wir zunächst bequem hineingehen, oft sogar hineingleiten können, doch auf der anderen Seite quälen wir uns auf dem rutschigen Schnee dann wieder aufwärts. Es scheint nicht aufhören zu wollen mit dem ständigen auf und ab. Dazu Sturm und Nieselregen. Die Regenkleidung hält dicht und es ist auch nicht zu kalt, zwar unangenehm frisch durch den Sturm, aber das ist kein Problem. Jedoch werden uns die Regentropfen ins Gesicht geschleudert und dazu die Anstrengung. Wir sind völlig entnervt.

Schließlich sehen wir im Grau das Dach einer Hütte auftauchen, ein letzter Anstieg und wir erreichen ein kleines Plateau mit Hütte. Wir gehen sofort hinein, um dem Regen und Sturm zu entfliehen und endlich eine richtige Pause machen zu können. Am Eingang begegnet uns ein Pärchen, das gerade hinaus in den Sturm will. Sie fragen uns nach dem Weg und ich gehe mit dem jungen Mann hinaus, um ihm den Weg Richtung Thorsmörk zu zeigen. Der Weg ist eigentlich nicht zu übersehen, nur der Anfang liegt hinter einer kleinen Geländestufe und ist dadurch verdeckt. Heike hat in der Zwischenzeit sich schon der nassen Regenkleidung und der Stiefel entledigt und einen Tisch in der Hütte belegt. Neben uns ist nur noch ein Mann in meinem Alter in der

Hütte. Er hat auch die Strümpfe ausgezogen um Strümpfe und Schuhe an der Heizung zu trocknen. Wir trinken Tee, essen Müsliriegel und wärmen uns auf. Die erste richtige Pause seitdem wir vor mehr als vier Stunden aufgebrochen sind. Im Sturm wären wir viel zu sehr ausgekühlt, auch hier ist uns erst noch kühl, trotz der Heizung. Die Hütte besteht im Erdgeschoss aus dem großen Aufenthaltsraum mit Küchenzeile und im Obergeschoss aus einem Matratzenlager. Auf einem Tisch liegen ein paar Lebensmittel mit Preisschildern herum, eine Packung Fertignahrung kostet 16 Euro, es gibt auch Snickers, doch wir brauchen nichts, wir haben unsere Müsliriegel.

Ich glaube in den letzten Tagen haben wir nie eine längere Pause gemacht, aber wir sind so froh dem Wetter draußen entfliehen zu können. In der Summe sind wir mit dem Wetter bei unserer Wandertour zufrieden, nur an den beiden wirklich harten Tagen müssen wir stundenlang durch Nieselregen gehen. Wenn es hart kommt, dann auch so richtig hart. Konnte es nicht gestern regnen, als wir unseren Erholungstag hatten? Aber irgendwie wollten wir es auch hart, nur das gequälte Tier ist zur Höchstleistung fähig!

Nach einer langen Pause ziehen wir die Regenkleidung und Stiefel wieder an und zwingen uns hinaus in den Sturm. Bis zu dieser Hütte führt von Skogar eine Piste und der folgen wir nun leicht bergab. Die Piste führt zunächst weitgehend über Schneefelder, auch hier ist das Gehen oft sehr anstrengend, doch wir haben endlich das Gefühl gut voran zu kommen. Auf den ersten Kilometern gibt es noch immer zwischendurch leichte Anstiege. Hier ist der Schnee noch nasser, Schmelz- und Regenwasser fließen auf der Piste und wir müssen aufpassen um nicht noch nassere Stiefel zu bekommen. Wir sind noch immer weit oben und der Wind peitscht den Nieselregen über den Berg.

Einer dieser großen Geländewagen kommt uns auf den ersten Kilometern entgegen, vorne sitzen zwei Männer, hinten eine junge Frau mit Rucksack. Das ist unsportlich sich den Berg hinauf fahren zu lassen. Für uns käme so etwas nicht in Frage. Ob man die Fahrt den Berg hinauf buchen kann? Oder sind die Männer nur auf dem Weg, um in der Hütte nach dem Rechten zu schauen und haben der jungen Frau angeboten sie mitzunehmen, was sie angesichts des Wetters angenommen hat. Das wäre dann gerade noch akzeptabel.

Es geht ständig abwärts und wir haben das Gefühl, es ist nur noch eine Frage der Zeit, bis wir in Skogar ankommen. Die Wanderung hier ist nicht mehr so kraftraubend, so können wir noch viele Kilometer und Stunden gehen und genau das werden wir auch müssen. Aber auch hier gilt es zunächst einige Schneefelder zu überqueren.

Der Anstieg auf der Seite von Thorsmörk ist steil und kurz der Abstieg ist flach und zieht sich endlos. Nachdem wir kilometerlang der Piste gefolgt sind, trennen sich endlich Piste und Wanderweg. Jetzt sind wir auch in einem Bereich, in dem es keine Schneefelder mehr gibt. Der Weg folgt jetzt der Sogar, dem Fluss, der auf wenigen Kilometern wasserreich mehrere hundert Höhenmeter überwindet. Dabei stürzt der Fluss in zahllosen Wasserfällen Richtung Meer. Ein Einziger davon würde ausreichen, um im Harz die super Attraktion zu sein. Aber hier sind keine Touristen, die die Wasserfälle bewundern wollen. Auch wir würdigen diese Sehenswürdigkeiten nicht so, wie sie es verdienen würden, aber bei dem Sturm und Nieselregen hat man keine Muße die Wasserfälle in aller Ruhe zu bewundern.

Je weiter wir absteigen desto besser wird das Wetter, der Wind ist nicht mehr so stark, es nieselt nur noch leicht und wir können weiter sehen.

„Man hat das Gefühl der Weg endet nicht mehr", spricht Heike meine Gedanken aus.

„Ja, aber es werden auch mehr Wanderer, die wir sehen, die uns entgegenkommen. Da kann das Ziel nicht mehr weit sein", spreche ich uns Mut zu. „Mir reicht es aber auch, ich habe keine Lust mehr und kann nicht mehr, ich will was essen", beendet Heike das Gespräch.

Die meisten Touristen schaffen es nur sich den Skogarfoss anzusehen, denn das Tal weiter aufzusteigen ist mühsam, aber es lohnt sich. Von der Hütte, in der wir eine Pause gemacht haben, bis Skogar sind es fast 20 Kilometer, so ist es nicht überraschend, dass wir den Abstieg als endlos empfinden. Glücklicherweise hält unsere Regenkleidung trocken und halbwegs warm. Lediglich die Füße sind etwas feucht. Bei diesem Wetter bietet es sich nicht an ohne Schutz eine Pause zu machen und Schutz gibt es hier nirgends. Also gehen wir immer weiter, was nicht so schlimm ist, da es bergab geht und nicht sehr anstrengend ist.

Eine Gruppe mit mehr als 20 amerikanischen Jugendlichen kommt uns entgegen, ein paar Erwachsene sind auch dabei. Alle tragen große Rucksäcke, die bei ein paar Jugendlichen nicht nach einer großen Belastung aussehen.

„Wo wollen die heute wohl noch hin, die sind viel zu spät aufgebrochen", sage ich verwundert.

„Wenn die noch bis zu einer der Hütten wollen, gehen sie bestimmt noch vier bis fünf Stunden", stimmt mir Heike zu.

„Das ist bestimmt nicht die Art von Urlaub, die sie sich bei der Buchung vorgestellt haben. Stundenlang bei Sturm und Regen einen Berg hinauf gehen. Schau mal, die Ersten sehen ganz fit aus, aber die da unten - doch mehr nach Fastfood."

„Das muss übel sein, wenn in einer Gruppe so große Leistungsunterschiede sind", sagt Heike. „Die ersten müssen ja ewig auf die Fastfood-Junkies warten. Wir machen keine Pausen, weil es zu unangenehm ist, weil man zu schnell auskühlt, aber den Fitteren der Gruppe bleibt nichts anderes übrig. Gut, dass bei uns beiden die Leistungsunterschiede so klein sind!"

„Ich würde gerne sehen, wie es Ihnen geht, wenn sie die Hütte erreichen, wie dann die Stimmung ist. Ob sie dann ihre Urlaubswahl verfluchen. Wir müssen nur noch bergab gehen, das geht auch bei Regen und Wind", sage ich.

Schließlich können wir in der Ferne die Küstenlinie erkennen. Jetzt sind wir unterhalb der Wolkendecke und aus dem Sturm heraus. Aus einer Gruppe von drei Männern spricht uns einer an und fragt, ob wir aus Thorsmörk kommen. Als wir das bejahen, erklärt er uns, er habe großen Respekt vor unserer Leistung und schaut dabei intensiv Heike an, die nach der Strapaze nicht mehr ganz frisch aussieht.

Je näher wir Skogar kommen, desto mehr Touristen sehen wir und desto besser ist der Weg ausgebaut. Extra mit Draht an den Rändern, damit man den Weg nicht verlässt. Nach etwa neun Stunden Wanderung erreichen wir die Aussichtsplattform am oberen Ende des Skogarfoss. Hier muss man anstehen, um einen guten Platz am Geländer zu bekommen. Neben uns stürzt die Skogar mit ohrenbetäubenden Getöse 60 Meter in die Tiefe. Das Wasser schäumt am Fuße des Wasserfalls. Die Gischt treibt feine Wassertropfen nach oben, die dann vom Wind verteilt werden. Hier liegt noch mehr Feuchtigkeit in der Luft, als wir bisher schon hatten. Unten sehen wir Massen an Touristen und einen großen Parkplatz voller Autos und Busse. Auf einer Stahltreppe geht es hinab an den Fuß des Wasserfalls. Eine Stahltreppe ausgerichtet auf die immer weiter steigende Anzahl an Touristen. Für uns ist es eine letzte Hürde vor dem Ziel, noch einmal alle Kraft zusammennehmen und mit schmerzenden Beinen die vielen Stufen absteigen.

Wir fühlen uns wie Helden, wir haben den Berg und den Sturm überwunden. Wie armselige kommen uns die Touristen vor, die nur mit dem Mietwagen die Sehenswürdigkeiten abklappern. Wir hingegen haben wirklich Island erlegt, die wilde Natur ganz intensiv erlebt und erlitten, haben unser kleines Abenteuer überstanden, trotz unzähliger Furten und Sturm, trotz Schneefeldern und Regen. Wir fühlen uns nicht nur wie Helden, in diesem Augenblick sind wir Helden.

An einer Reihe von Zelten gehen wir zur Rezeption des Campingplatzes und zahlen für die Übernachtung. Auf dem Berg kamen mir Bedenken wegen unseres Zeltes. Wie übersteht unser Zelt mit den verbogenen Stangen noch einen Sturm? Aber hier unten auf Meereshöhe ist es kein Sturm mehr, sondern nur ein leichter Wind. Wir bauen schnell unser Zelt auf, wobei wir genau auf die Windrichtung und etwas Schutz achten. Dann gehen wir los, um etwas zu Essen zu suchen. Ich hatte es so in Erinnerung, dass es in Skogar einen Laden gibt, doch es handelt sich eher um einen Kiosk, der aber auch schon geschlossen hat. Glücklicherweise gibt es ein Restaurant mit Blick auf den Wasserfall, das zu einem größeren Hotel gehört. Es sind fast alle Tische besetzt, aber wir bekommen noch einen Tisch in der Nähe des Fensters zugewiesen.

Es ist eine Art Selbstbedienungsrestaurant mit Preisen für ein Edelrestaurant. Man bestellt an der Bar bezahlt und kann die Getränke gleich mitnehmen. Die Speisen werden dann später gebracht. Und die sind gut, wirklich gut, nicht nur weil wir ausgehungert sind. Heike hat eine Lammkeule, es muss schon ein ordentliches Lamm gewesen sein, ein Lämmlein hätte nicht solche Keulen. Ich habe mich für Fisch entschieden und bekomme ein ordentliches Stück Lachs. Dazu trinken wir ein Glas vom sündhaft teuren Hauswein. Wir sind total glücklich. Wir sitzen im Warmen, es ist trocken und wir haben gutes Essen und ein Glas Wein vor uns. Aber vor allem haben wir die Königsetappe gemeistert und das bei besonders schwierigen Verhältnissen. Mit diesem fantastischen Essen nimmt die Wanderung ein gutes Ende.

Glücklich kehren wir zu unserem Zelt zurück. Jetzt noch duschen und saubere Kleidung anziehen und die Wanderung von Landmannahellir bis Skogar liegt hinter uns. Auch abends spät stehen noch die Autos der Touristen unweit unseres Zeltes und der Wasserfall wird auch abends um 22:00 noch bewundert. Es wird nicht dunkel, man könnte die ganze Nacht hindurch Sehenswürdigkeiten abklappern.

Tag 10: Rückkehr nach Reykjavik

Auch am Morgen rauscht der Wasserfall noch, es hat unseren Schlaf nicht gestört, sondern wirkt beruhigend. Unser Bus fährt erst mittags, so dass wir noch ganz viel Zeit haben. Gestern hatten wir uns schon nach dem Frühstück im Restaurant informiert. So brauchen wir nicht im kleinen Laden etwas kaufen und dann im Zelt essen, sondern können richtig ausgiebig und in Ruhe schlemmen. Beim Frühstück treffen wir die Amerikaner wieder, die uns vor zwei Tagen beim Fotografieren vor der riesigen Islandkarte störten und deren Zelt wir dann auch am Ausgangspunkt unserer gestrigen Wanderung gesehen haben. Jetzt sitzen Sie hier im Restaurant und frühstücken so wie wir. Ich spreche sie auf die gestrige Wanderung an und sie erzählen uns, dass sie schon morgens um drei Uhr aufgebrochen sind, um nicht in den Sturm zu geraten und weil sie Respekt vor der harten Etappe hatten. Auch sie sind beeindruckt, dass wir die Wanderung im Sturm geschafft haben. Nach dem Frühstück gehen wir zunächst in den kleinen Laden, um Heike Ersatz für die Crocs zu kaufen. Doch außer Souvenirs und wenigen Lebensmitteln gibt es nichts. So gehen wir zum Wasserfall und machen ein paar schöne Aufnahmen. Auch jetzt sind schon wieder Massen von Touristen unterwegs. Man muss warten und die richtige Perspektive suchen, um nicht zu viele Menschen im Bild zu haben. Der Wasserfall ist aber auch mit den Wassermassen und der Fallhöhe von 60 Metern wirklich imposant und rechtfertigt, dass ihn so viele Menschen sehen wollen. Wir gehen dicht heran bis es durch das aufgewirbelte Wasser zu nass wird. Nach ein paar beeindruckenden Aufnahmen kehren wir zu unserem Zelt zurück und fangen an unseren Aufbruch vorzubereiten. Obwohl wir es ruhig angehen, haben wir Probleme die Zeit bis 13:00 zu überbrücken, der Abfahrzeit unseres Busses nach Reykjavik. Neben der Rezeption des Campingplatzes finden wir eine halbwegs windgeschützte Sitzecke mit Tischen, wo wir uns niederlassen. Das Wetter ist typisch isländisch, Temperaturen knapp über zehn Grad, bedeckter Himmel mit Wolken, aus denen es jederzeit regnen kann. Nicht ein Wetter bei dem man gerne draußen sitzt und wartet. Ich lese eine Weile, bis zwei Männer fragen, ob sie sich zu uns an den Tisch setzen dürfen. So kommen wir ins Gespräch und ich erkenne den Mann wieder, der oben in der Hütte Schuhe und Strümpfe getrocknet hat. Er ist gestern in der Hütte geblieben und heute sehr früh abgestiegen. Der Mann kommt aus Finnland, der andere aus Spanien. Der Spanier beklagt sich über die Preise. Er kann es nicht fassen, dass alles auf Island viermal so teuer ist wie in Spanien. Wegen der Preise hat er gestern Abend und heute Morgen auf das Essen im Restaurant verzichtet. Es muss hart sein, wenn man nach den Entbehrungen einer mehrtägigen Wanderung das Gefühl hat, sich anschließend keinen Restaurantbesuch als Belohnung leisten zu können. Von mir möchte er hören, dass das Bier in Deutschland nur ein Viertel von dem isländischen Bier kostet. Ich tue ihm diesen Gefallen, auch wenn das deutsche Bier lediglich ein Drittel des isländischen kostet. Wir unterhalten uns eine Weile, worüber ich glücklich bin, denn so kann ich etwas englisch sprechen und die Zeit vergeht schneller. Bisher hatte ich noch nicht viel Gelegenheit mein verstaubtes Englisch aufzupolieren. In der Wildnis waren einfach zu wenig Menschen. Der Finne erkennt uns nicht wieder, obwohl wir erst gestern 30 Minuten gemeinsam in der Berghütte gesessen haben. Wahrscheinlich sahen wir durch Regen und Sturm sehr mitgenommen aus. Wir sind ordentlich ausgekühlt, als schließlich unser T-Rex-Bus ankommt. Wir packen unsere Rucksäcke in den Laderaum und wollen einsteigen, doch unser Busticket sagt dem Busfahrer zunächst nicht zu, aber nach einem Telefonat dürfen wir schließlich einsteigen. Das Wetter ist während der ganzen Fahrt typisch isländisch: grau in grau. So bietet die Busfahrt wenig schöne Aussichten.

Nach 5 Stunden Busfahrt steigen wir in Reykjavik am Campingplatz aus, der dichter an unserem Hotel liegt, als die Innenstadt. An der Rezeption händigt man uns den Zimmerschlüssel und unseren Rucksack aus. Wir nehmen den Fahrstuhl in den fünften Stock und schauen, welcher der Flure zu unserem Zimmer führt. Als ich erkenne, in welche Richtung unser Zimmer vom Flur abgeht, schwant mir böses. „Ich hätte nicht gedacht, dass ein Hotelzimmer noch kleiner sein kann als unser Zimmer vor der Wanderung. Aber hier im Haus ist das möglich. Das ist richtig rekordverdächtig", ist mein Kommentar zu dem winzigen Zimmer. „Schau mal, das ist Geysir auf dem Fenster. Das wirkt an der Stelle aber befremdlich", sagt Heike. „Das ist überhaupt kein richtiges Fenster", antworte ich und schaue es mir genauer an. „Es ist doch ein richtiges Fenster mit einer Folie darauf. Aber es geht auf einen Hotelflur hinaus. Schau mal, hier kannst du den Flur sehen. Bei Schiffen kenne ich Innenkabinen, aber bei einem Hotel habe ich noch nicht davon gehört. Soll ich mal rumgehen und hereinwinken. Du kannst dich ja mal auf das Bett legen, dann schaue ich, wie das auf die Leute im Flur wirkt." „Das darf doch nicht wahr sein. Bei dem Preis solch eine Höhle. Gut das wir morgen wieder rauskommen", antwortet Heike. Wir packen unsere Rucksäcke soweit notwendig aus, aber es gibt keine Plätze, wo wir die Sachen ablegen können. So entsteht sehr schnell ein unüberschaubares Chaos. Nach dem Duschen beeilen wir uns das frustrierende Zimmer zu verlassen und in die Stadt zu gehen. Fünf Minuten vor Ende der Happy-Hour erreichen wir das Restaurant, in dem wir vor der Wanderung so gut gegessen haben. Als uns die Bedienung die Karte bringt, weise ich auf die fortgeschrittene Zeit hin und frage, ob wir noch schnell einen Happy-Hour-Rotwein bekommen können. Auf meine englischen Bemühungen, die sicherlich ausreichend deutlich sind, um meinen Wunsch verständlich an den Kellner zu bringen, antwortet er in gebrochenem Deutsch. Wie sich im Gespräch herausstellt, kommt er aus Polen und jobbt für ein paar Monate in Reykjavik. Unseren Wein gibt er uns jedenfalls zum Happy-Hour-Preis. Wir haben leider keinen Fensterplatz bekommen und da wir uns nicht den Betrieb auf der Straße ansehen können, achten wir mehr auf die anderen Gäste. Es fällt auf, wie zurückhaltend die Touristen bei ihren Bestellungen sind, besonders was die alkoholischen Getränke betrifft. Bei uns gibt es wieder Fisch und Lamm. Nach der Wanderung reicht mir eine Portion, bei der ich normalerweise schon kämpfen müsste, nicht aus. Da mir die Dessertauswahl nicht zusagt, wähle ich eine Vorspeise, Börek als Nachspeise. Die Bedienung fragt, ob wir zwei Bestecke zum Börek wünschen, was ich entschieden verneine. Zur Feier unserer großen Leistung und um uns von dem Hotelloch nicht frustrieren zu lassen gibt es noch ein zweites Glas Rotwein. Gesättigt, weinselig und glücklich verlassen wir das Restaurant und schlendern noch etwas durch die Stadt, bevor wir zu unserem Hotel zurückkehren. Morgen beginnt mit der Übernahme des Mietwagens der Teil des Urlaubs, der für Island-reisende typisch ist, nicht wie das, was wir in den letzten Tagen durchlebt haben.